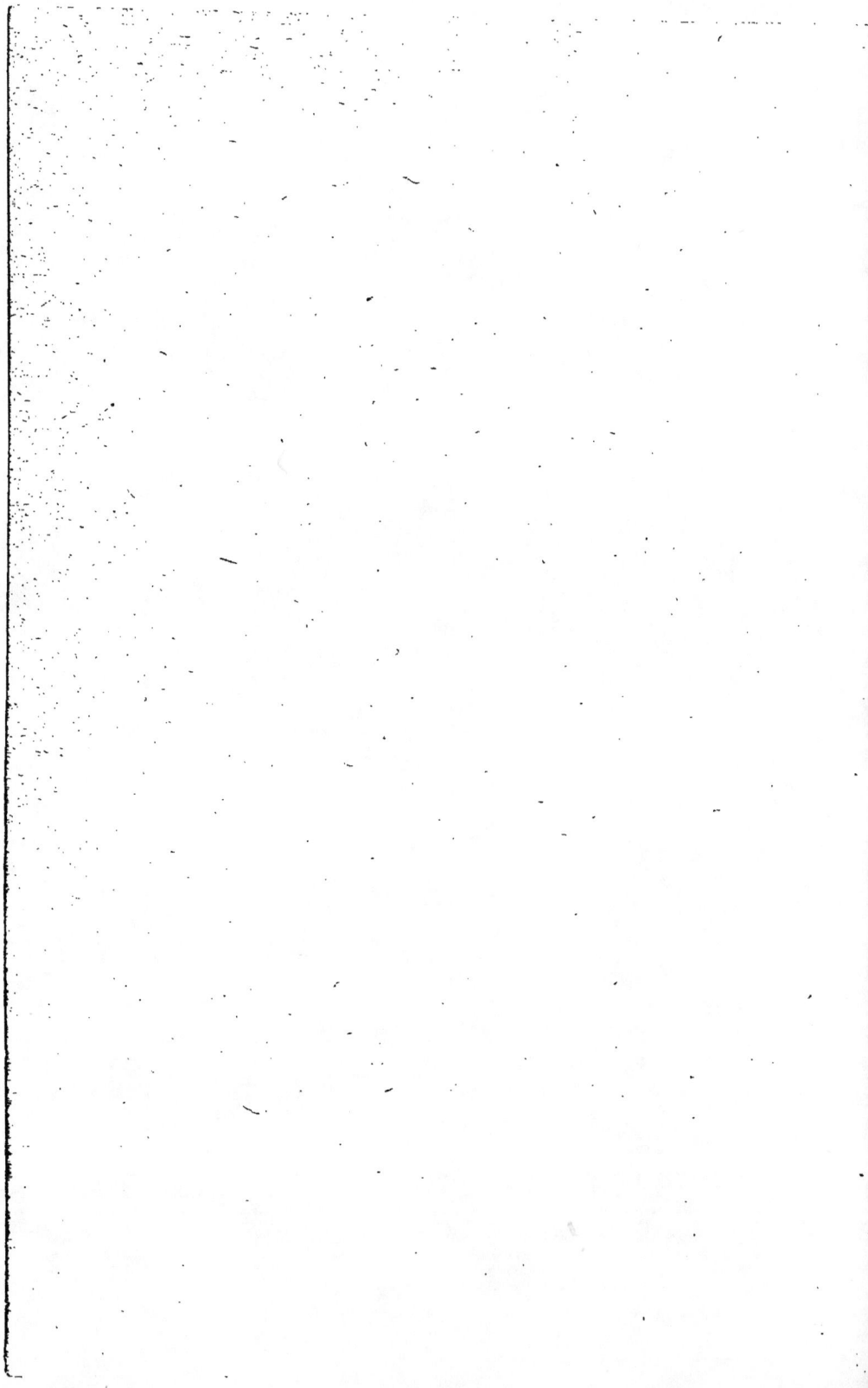

LE MARÉCHAL

DUC DE BOUFFLERS

ET SA FAMILLE

LE DUCHÉ-PAIRIE DE BOUFFLERS

ÉTUDE HISTORIQUE

Par Edmond LECOMTE

Sursum corda.

AMIENS,

IMPRIMERIE TYPOGRAPHIQUE T. JEUNET

45, — RUE DES CAPUCINS, — 45

—

1892

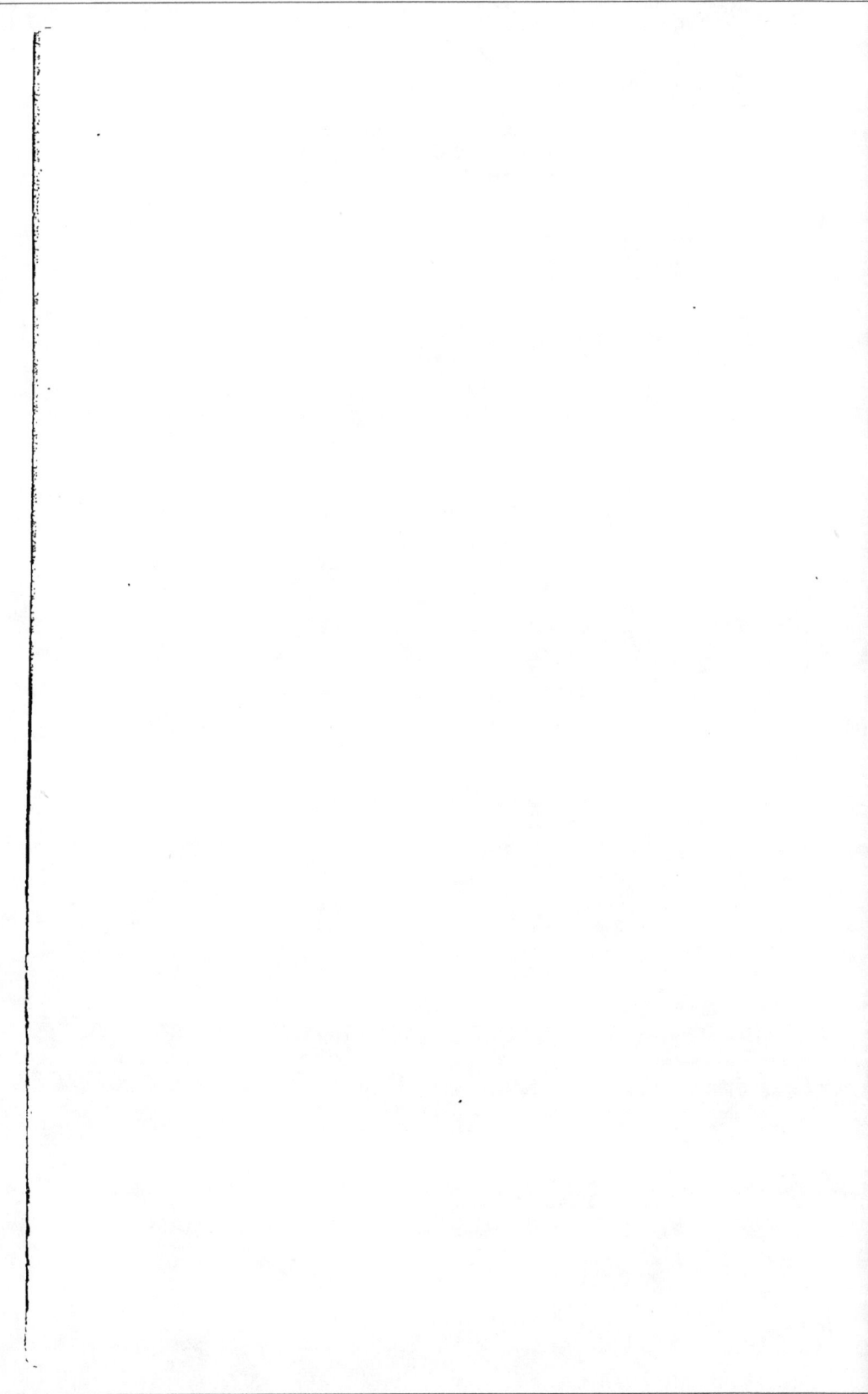

LE MARÉCHAL-DUC DE BOUFFLERS
ET SA FAMILLE

—

ÉTUDE HISTORIQUE

LE MARÉCHAL

DUC DE BOUFFLERS

ET SA FAMILLE

LE DUCHÉ-PAIRIE DE BOUFFLERS

ÉTUDE HISTORIQUE

Par Edmond LECOMTE

Sursum cor..

AMIENS,

IMPRIMERIE TYPOGRAPHIQUE T. JEUNET

45, — RUE DES CAPUCINS, — 45

1892

Habitant d'un village, où le souvenir du Maréchal de Boufflers et de sa famille est resté vivace, j'ai trouvé du charme à étudier la vie d'un homme extrêmement sympathique, qui fut vaillant soldat et bon citoyen dans le siècle le plus brillant de notre histoire.

Ce travail sera divisé en trois chapitres comprenant :

Le PREMIER, *les Ancêtres du Maréchal.*

Le DEUXIÈME, *sa Biographie.*

Et le TROISIÈME, *ses Descendants.*

Crillon, 1891-1892.

Edmond LECOMTE.

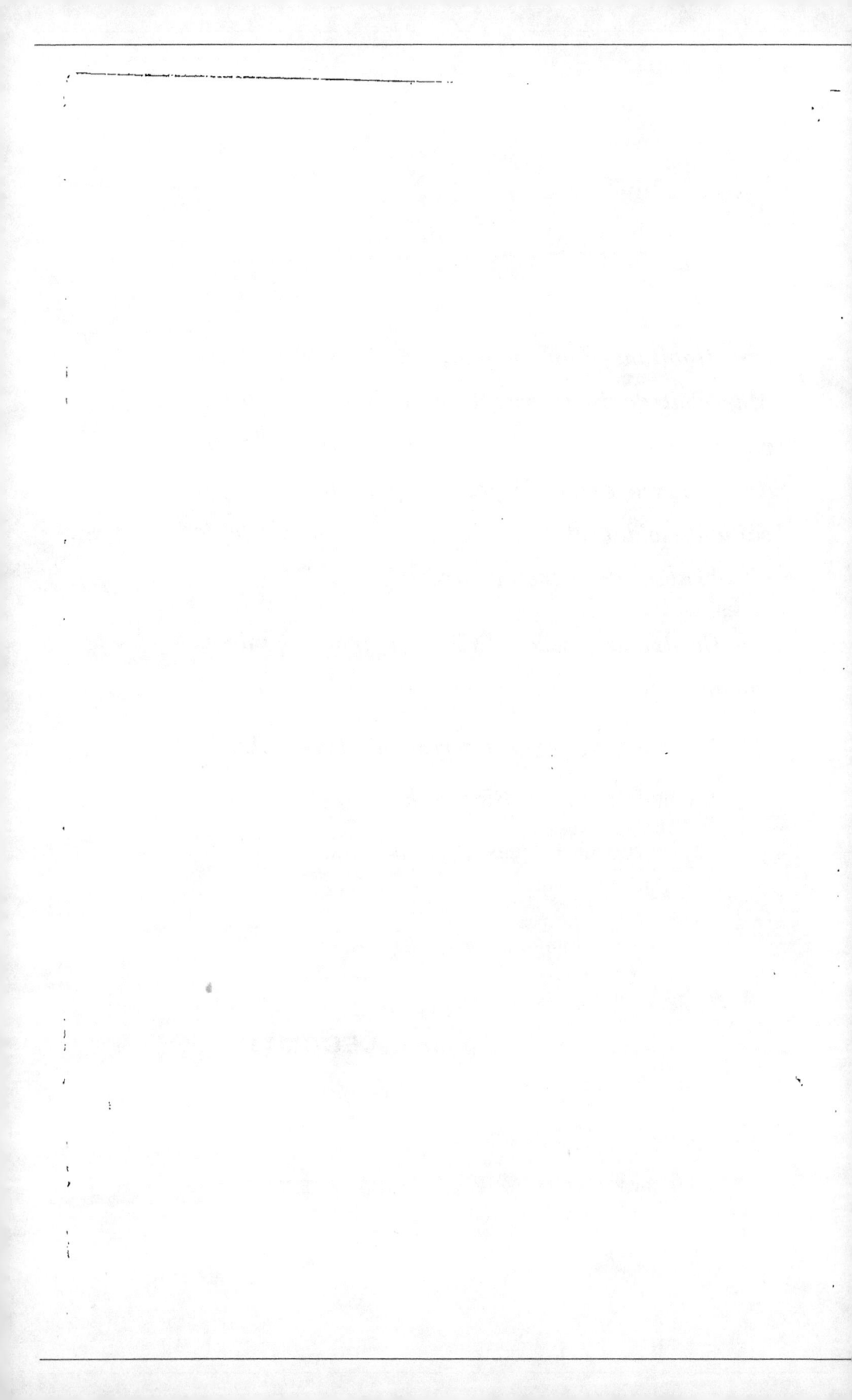

LE MARÉCHAL-DUC DE BOUFFLERS

ET SA FAMILLE

CHAPITRE I.

—

La Maison de BOUFFLERS [1], une des plus anciennes de la province de Picardie [2], prend son nom de la terre et seigneurie de Boufflers située en Ponthieu, sur l'Authie, à cinq lieues d'Abbeville [3].

---

[1] Collection de Dom Grenier : Bibliothèque nationale, département des manuscrits, vol. 155. Plan de l'histoire généalogique de la maison de Boufflers, par de Kaerdaniel, gentilhomme de la province de Bretagne, sur divers mémoires manuscrits de gens savants, sur ouvrages d'auteurs célèbres et même sur les titres domestiques, comme partages, aveux, etc.

Père Anselme, 1730. Tome V. Pages 77 à 94.

[2] Elle s'allia aux principales du royaume : Famille royale des Bourbons, Montmorency, Ailly, Mailly, Coucy, Clermont, Mabillon, Auxy, etc.

Antoine L'Oisel (Mémoires du Beauvaisis) dit que de cette maison sont sortis plusieurs gentilshommes renommés en sainteté de vie, prouesse et savoir.

[3] Étymologie : Bon-flers, par corruption Bou-flers, exprimerait d'après le manuscrit de Dom Grenier, la finesse de l'odorat de ces seigneurs, ou la pureté de l'air de leurs domaines. — D'après Ledieu (Etymologie des localités de l'ancienne Picardie) Boufflers signifierait : Bois environné de haies, de : Bou, bois ; flers, *flectere, flexus*.

Il ne reste actuellement du château de Boufflers que l'entrée d'une voûte en maçonnerie.

Au dixième siècle, les surnoms n'étant ni fixes ni héréditaires, les seigneurs de cette maison portaient indifféremment les noms de BOUFFLERS, MORLAY ou CAMPIGNEULLES.

I. — GUILLAUME I, mort l'an 1000, avait épousé Armide de Crespy, fille de Bérard, seigneur de Crespy et de Roalde de Cambrai (laquelle était d'une famille Mérovingienne). Il appuya Hugues Capet lors de son élévation à la Couronne (987), et fut l'un de ses chefs au siège de Laon (991). Il eut huit enfants, dont :

II. — ARMIDE, mort en 1023, qui épousa Marguerite de Saint-Vallery, et eut huit enfants dont :

III. — GUILLAUME II, mort en 1038, qui épousa Adèle de Tanremonde, fille de Robert, seigneur de Tanremonde et de Syfride de Montdidier, et eut sept enfants, dont :

IV. — ENGUERRAND I, mort en 1089, qui eut pour femme Richilde, fille de Gaultier Tyrel, chevalier, seigneur de Poix, et de Thyburge de Péronne. Ils eurent six enfants, dont :

V. — ENGUERRAND II. Il suivit Godefroy de Bouillon à la conquête du royaume de Jérusalem (Première croisade 1096-1100), et planta neuf fois la croix sur les murs des villes attaquées : Aussi, Godefroy de Bouillon voulut qu'il ajouta à ses armes, qui étaient d'argent à trois étoiles d'azur, neuf croix de gueules, parce qu'il les avait teintes du sang des ennemis de la foi[1].

Il avait épousé Tyrinde, fille de Hélée, seigneur de Gerberoy et de Berthe de Creil, et eut huit enfants.

VI. — Enguerrand III (Vallerand), son fils, qui vivait en 1150, épousa Esmangarde de Beaumetz, et fut père de Guy et d'Eustache.

VII. — Guy (1167) eut pour femme Mathilde, et pour fils :

VIII. — Hugues (1180), qui épousa Adrienne de Crèvecœur, et eut pour fils :

IX. — Guillaume III, mort en 1240, qui épousa en premières noces Havide, et en secondes noces Jeanne. Son sceau était échiqueté d'argent et de gueules, avec un franc-quartier. Légende : *Sigillum Willelmi militis* de Campigneulles.

X. — Son fils, Henri, chevalier, prit le surnom de Boufflers, que sa postérité a toujours conservé. Il épousa en 1247 Élisabeth de Brimeu, et eut cinq

---

[1] On voit dans les mémoires du Duc de Richelieu, qu'en 1716, lors de la querelle des Pairs et du Parlement, le fameux mémoire (ou plutôt libelle) contre les Ducs et Pairs, qui attaquait l'origine de ceux-ci, ne pouvant contester l'ancienne origine des Boufflers, ne trouva d'autre reproche à leur faire que de déclarer « que les « Boufflers, il y a cent-cinquante ans, n'étaient connus qu'aux « environs de leurs villages ».

Le mémoire, fourni en réponse par les Ducs et Pairs, établit l'origine des Boufflers, et ajoute que les armes de cette maison font voir qu'elles viennent des Croisades.

enfants. Son sceau portait trois molettes ou étoiles, et pour légende :

† *Sancti Henrici* DE BOFFLERES.

Il est figuré au Musée de Versailles, salle des croisades, par son nom et par ses armoiries, comme ayant pris part à la septième croisade (1248).

XI.— GUILLAUME IV, son fils, mentionné en 1258, suivit Charles d'Anjou à la conquête du royaume de Naples et de la Sicile (1266). Sceau semé de croisettes au pied fiché avec 3 molettes à 6 rais. Légende :

† *S. Willaume* DE BOUFFLERS.

Il eut de sa femme Suzanne de Bournel, un fils qui fut :

XII. — PIERRE I, qui vivait en 1296.

XIII. — ALEAUME I, fils de celui-ci, vaillant chevalier, se trouvait à la journée de Mons-en-Puelle (1304), où les Flamands furent battus par Philippe IV, le Bel.

Son écu était chargé de trois molettes, accompagnées de cinq croix recroisettées au pied fiché, et une quinte-feuille en pointe.

Il eut quatre enfants : Jean, qui soutint le roi d'Angleterre, son suzerain, à cause de ses possessions du Ponthieu ; Guillaume, qui suivit le roi de France ; Enguerrand et Anne.

XIV. — Jean I, son fils, mentionné de 1352 à 1356, eut quatre enfants, dont :

XV. Aleaume II, qui combattit les Anglais à la funeste bataille d'Azincourt (1415), fut fait prisonnier, et mis en liberté moyennant cinq mille livres de rançon [1].

Il eut de sa femme, Catherine de Bernieulles, quatre enfants :

David [2] ;

Pierre II ;

Nicaise, qui fut l'origine de la branche des Boufflers-Beaussart, dont nous n'avons pas à nous occuper ;

Et Béatrix.

XVI. — Pierre II (contrat de mariage du 24 janvier 1435) épousa Isabelle de Neuville, fille d'Antoine de Neuville et d'Isabelle de Sains, et veuve de Robert de Picquigny.

Celui-ci avait fait don à sa femme, de sa seigneurie de Caigny [3], ainsi que du tiers qu'il

---

[1] Haudicquer de Blancourt : Nobiliaire de Picardie, 1645.

[2] Il existe à la Bibliothèque nationale (fonds Clairambault, cabinet des titres, montres et quittances scellées) un reçu donné par David de Boufflers, le premier décembre 1416, à Colart de Beaurain, receveur du Ponthieu, de vingt sols par homme d'armes et dix sols par archer, pour une troupe par lui amenée. Le sceau est tout à fait brisé.

[3] Caigny (*Cogniacus, Cogneium*), Cogny, Cagny, Cagni, Cagni-Boufflers Boufflers, puis Saisseval, et actuellement Crillon, est un village de 400 habitants environ, du canton de Songeons (Oise),

possédait dans la châtellenie de Milly [1].

Pierre de Boufflers, par suite de son mariage, s'établit dans le Beauvaisis [2] : ce fait est important à constater pour la suite de cette histoire.

En 1435, il fut l'ambassadeur du duc de Bourgogne, Philippe le Bon, aux négociations du traité d'Arras.

En 1449, le sieur de Mouy, gouverneur du Beauvaisis, Pierre de Boufflers et deux autres seigneurs

---

situé à quatre lieues ouest de Beauvais, sur le Thérain, dont la seigneurie se divisait en deux parties relevant, l'une du comté de Clermont, et l'autre, dans laquelle était compris le château du vidamé de Gerberoy. (Graves, précis statistique sur le canton de Songeons, 1836).

Une autre opinion, basée sur des données sérieuses, tendrait à prouver qu'Isabelle de Neuville épousa au contraire Pierre de Boufflers en premières noces, et Robert de Picquigny en secondes noces.

J'incline à penser qu'Isabelle de Neuville devait être propriétaire du domaine de Caigny, du chef de sa mère, née de Sains, ou du chef de sa tante, Jeanne de Sains, dame de Caigny en 1411 et mariée à Hugues de Sappegnies ; et que Robert de Picquigny ne lui fit don que d'un fief lui appartenant à Caigny.

[1] Milly (*Milliacum, Melliacum, Millcium, Milli*) est un village du canton de Marseille (Oise) situé à environ trois lieues ouest de Beauvais, sur le Thérain, qui avait une châtellenie importante dès l'époque de Philippe Auguste. (Graves, précis statistique sur le canton de Marseille, 1833.)

M. l'abbé Renet, chanoine honoraire de Beauvais, publie actuellement une histoire très complète de Milly, sous ce titre : « La Châtellenie de Milly : ses origines, ses châtelains, ses institutions, sa mouvance, son lignage. »

Nous verrons le maréchal de Boufflers devenir propriétaire des deux autres tiers de la Châtellenie.

[2] Le Beauvaisis était compris, au XVIe siècle, dans la province de Picardie ; il fut réuni à l'Ile de France en 1624.

prirent par escalade Gerberoy[1] sur les Anglais.

Il eut six fils légitimes :

Jacques, dont il sera parlé plus loin.

Jean et Colart (ou Colinet) qui furent tués à la bataille de Nancy, au service de Charles le Téméraire (1477).

Robert, abbé de Faresmontier.

Renaud, chevalier de Rhodes, commandeur de Fieffes.

Bertrand, mort en bas âge.

Et trois enfants naturels.

XVII. — JACQUES, chevalier, seigneur de Boufflers et Caigny, châtelain de Milly pour un tiers, fut donné par Louis XI au comte de Charolais, et se trouva à la bataille de Nancy avec ses frères Jean et Colart.

Après la mort de Charles le Téméraire, il reprit son service près de Louis XI, et refusa de lui prêter à nouveau serment, attendu qu'il n'avait suivi le duc de Bourgogne que pour obéir aux ordres du roi.

Il combattit vaillamment à la bataille de Guinegatte, qui eut lieu entre Louis XI et Maximilien d'Autriche (1479).

---

[1] La petite ville de Gerberoy, canton de Songeons, placée dans une position très avantageuse sur un mamelon non loin du Thérain, eut une grande importance au moyen âge, à cause de ses fortifications et de son voisinage des frontières de la Normandie.

Il eut onze enfants de sa femme, Catherine Perrone de Ponches, et fut enseveli à Saint-Lucien de Beauvais.

XVIII. — JEAN II, son fils, chevalier, seigneur de Boufflers, Caigny, Milly en partie, Buicourt[1], Lezicourt (Ligescourt) et Monstrelet ; vicomte de Ponches[2], pair de Ponthieu, se distingua pendant les guerres de Louis XII et de François Ier.

Il partagea avec Isambart de Boufflers, son frère, seigneur de la Chapelle sous Gerberoy[3].

Il épousa en 1497 Françoise d'Encre, dame de Rouverel[4], et eut seize enfants, dont l'aîné fut Adrien Ier.

Il figura aux coutumes locales du vidamé de Gerberoy lues et accordées en l'assemblée des trois états dudit vidamé tenue à Gerberoy le 23 août 1507.

Il fut enterré en l'église de Caigny.

XIX. — ADRIEN Ier, escuyer, seigneur de Boufflers, Rouvrel, Remiencourt[5], Ponches, Lizecourt, Caigny, Haucourt, Vrocourt et Milly en partie, pair de Ponthieu, se trouva à la bataille de Pavie

---

[1] Canton de Songeons.

[2] Petite commune de l'arrondissement d'Abbeville. Le château n'existe plus.

[3] Canton de Songeons.

[4] Canton d'Ailly-sur-Noye.

[5] Canton de Boves.

que François Ier perdit malgré des prodiges de valeur (1525).

Le 5 octobre 1529, le roi adressa une lettre à son chevalier bien âmé le seigneur de Boufflers, pour lui dire d'assister le seigneur de la Rochepot, afin de faire tête à Charles-Quint.

Il épousa Louise d'Oiron (contrat de mariage du 2 août 1533) et en eut six enfants :

Louis, dit le Robuste ou le Fort.

Adrien II, qui figurera plus loin.

Jean, tige des seigneurs de Rouverel.

Adrien, tige des seigneurs de Remiencourt.

Adrienne et Marguerite.

En 1539, il se fit représenter au procès-verbal des coutumes du comté de Clermont[1].

M. le comte de Troussures possède le dénombrement de la terre et seigneurie de Caigny fourni par Adrien de Boufflers le 21 juin 1564.

Il mourut en 1585, à l'âge de quatre-vingt-quatorze ans.

Son fils aîné, Louis de Boufflers, guidon des gendarmes du duc d'Enghien, était allié à la famille des Bourbons. Il fut doué d'une force prodigieuse, dont le souvenir a longtemps fait proverbe en Picardie.

« Il était si fort et robuste que l'on le pouvait

---

[1] Coustumes générales des bailliages de Senlis, comté de Clermont et duché de Vallois, annotées par Charles du Molin.

« apparier à un Milon de Crotone, à Nicostrate, ou
« à ce Marius Gaulois qui tint l'empire des Gaules
« par trois jours seullement. Car il rompait avec ses
« mains un fer de cheval en deux, arrestait un bidet,
« voire le faisait reculer le tirant par la queue et
« l'eslevait en l'air ; ne se trouvait homme qui lui
« peust ouvrir sa main, y ayant enfermé quelque
« chose, et non pas même oster son doigt de la place
« en laquelle il l'avait posé ; devançait un cheval à la
« course, tuait d'une pierre les oyseaux en l'air,
« sautait les ruisseaux et les petites rivières botté et
« esperonné ; montait ordinairement à cheval sans
« estrier ; bref se fut trouvé invincible si un mous-
« quet ne l'eut atteint, montant à la bresche de Pont-
« sur-Yonne, où il mourut en 1553 [1].

La tradition locale rapporte que, s'arrêtant un
jour devant la forge du maréchal de Caigny, il
rompit avec les mains plusieurs fers de cheval et les
jeta à la ferraille en prétendant qu'il ne valaient rien ;
il remit ensuite au maréchal un écu de six livres
pour l'indemniser ; mais celui-ci, qui était d'une
force peu commune, le brisa avec les doigts,
à l'étonnement du seigneur, ainsi que plusieurs
autres qu'il jeta aussi à la ferraille, sous le même
prétexte qu'ils ne valaient rien.

M. Graves, citant Louvet (Antiquités du Beauvaisis), prétend qu'en 1566, Louis de Boufflers et

---

[1] Antoine L'Oisel (Mémoires du Beauvaisis).

quelques autres officiers calvinistes se rendirent
avec quelques soldats à Ville-en-Bray [1] pour abattre
l'image de la Vierge, mais « Si grand tonnerre et
« tempête arriva qu'ils furent contraints de déguer-
« pir la place, de monter à cheval et de prendre la
« fuite, de sorte qu'ils furent merveilleusement
« escartez les uns des autres, combien qu'aupara-
« vant le ciel ne promit rien moins que cela. Le
« lendemain l'image se trouva en la place, et les
« merisiers et les seçez qui étaient dedans le circuit
« firent comme un nouveau printemps par la quan-
« tité de fleurs blanches et merveilleuses odeurs
« qu'ils rendirent, combien que l'hyver fust en sa
« force et vertu. »

Ce fait ne concerne pas Louis de Boufflers qui
mourut en 1553 ; d'ailleurs Louvet ne nomme pas
Louis de Boufflers, et parle au contraire d' « aucuns
gentilshommes du pays de Beauvaisis infectés
d'hérésie » ; enfin il résultait d'un tableau placé
alors dans l'église que cet acte aurait été commis
en 1565, par un chevalier de Berthiencourt, cal-
viniste.

Jean de Boufflers, seigneur de Rouverel, fut un
miracle de la nature : sans autre école que la maison
de son père, avec un maître tel quel, il apprit à

---

[1] Village du canton de Songeons, dont l'église était le but d'un
pèlerinage célèbre : On y venait implorer la Sainte-Vierge. Ce
pèlerinage a toujours lieu.

composer en prose et en vers latins; il étudia les mathématiques et la théologie; voyagea en Italie, en Grèce, en Asie, en Afrique, en Espagne, dans les pays Allemands, les Flandres et l'Angleterre, et écrivit plusieurs ouvrages; il se maria, fut secourable aux pauvres, mais malheureusement mourut jeune [1].

XX. — ADRIEN II, comte de Ponches, chatelain de Milly en partie, seigneur de Caigny et autres lieux, chevalier des ordres du roi, gentilhomme ordinaire de la chambre sous Henri III et Henri IV, naquit en 1530.

Il commanda la noblesse du Beauvaisis aux journées de Saint-Denis et Montcontour, pendant les guerres de religion qui désolèrent le règne de Charles IX (1569).

Il épousa Françoise Gouffier, fille de François Bonnivet, seigneur de Crèvecœur, lieutenant-général pour le roi au gouvernement de Picardie, en 1582 (contrat de mariage du 13 juillet, devant Thibaut Lebesgue, notaire à Milly), et eut pour enfants :

François, dont il sera question plus loin;
Charles,
Et Marthe-Jeanne, qui fut mariée en 1620 à

[1] L'Oisel (Mémoires du Beauvaisis).

François de Monceaux d'Auxy, seigneur d'Hanvoile [1], Saint-Samson [2] et autres lieux.

Par lettres patentes de 1581, Henri III autorisa M. de Boufflers à établir dans le village de Caigny, un marché et quatre foires; et le 29 décembre 1582, il créa en sa faveur la charge de Grand-Bailli (ou Bailli d'épée) de Beauvais. Il fut aussi nommé par le roi commandant de Beauvais; mais les habitants obtinrent que la ville, en raison de sa fidélité, serait gardée par eux-mêmes [3].

En 1588, la noblesse du Beauvaisis le désigna pour la représenter aux États de Blois.

Il s'attacha à Henri IV en 1589, et les ligueurs pour se venger de sa fidélité, brûlèrent son château de Caigny et le firent prisonnier. Par une lettre du 5 juin 1591, Henri IV lui accorda une gratification, afin de payer sa rançon [4].

Penseur et écrivain, il composa deux ouvrages intitulés : « Choix de plusieurs histoires et autres choses mémorables, 1608 ; et « Traité sur les œuvres admirables de Dieu, 1621 »

M. le comte de Troussures possède, dans ses autographes, une lettre datée du 7 mai 1587, et

---

[1] Canton de Songeons. — Je possède dans ma collection, un plat et une assiette en métal, aux initiales B. G. (Boufflers-Gouffier) provenant du château d'Hanvoile.

[2] Canton de Formerie.

[3] Archives municipales de Beauvais, B B. 33. (1581-1585.)

[4] Nobiliaire général de Picardie.

adressée par M. de Boufflers à M. Le Cat, lieutenant-général à Beauvais. Il a appris que M. Le Cat veut envoyer un sergent pour faire saisir sur ses biens et ceux de son frère et de sa sœur pour quelque argent qu'ils lui doivent[1].

Il mourut le 28 octobre 1622[2], et fut inhumé en l'église de Caigny[3].

Blason : Écartelé à 1 et 4 de Gouffier, 2 et 3 de Montmorency ; sur le tout, Boufflers.

Françoise Gouffier était décédée le 14 février 1621.

XXI. — François I, chevalier, comte de Caigny et de Boufflers, vicomte de Ponches, châtelain de Milly pour un tiers par indivis avec le roi, seigneur d'autres terres, conseiller du roi, maréchal de camp et Grand-Bailli de Beauvais, épousa en 1612 (contrat de mariage du 3 octobre), Louise Hennequin,

---

1 Louis Le Cat, seigneur de Therdonne, né en 1549, mort en 1587, fut nommé lieutenant-criminel et de police du comté de Beauvais, en 1582. Il avait épousé Marie Tristan. — Communication de M le Comte de Troussures.

2 Père Anselme.

3 L'inscription funéraire d'Adrien de Boufflers, qui existe encore en l'église de Crillon, donne 1606 pour date de son décès, et 1604 pour l'érection de la terre de Caigny en comté (voir ci-après) et l'établissement du marché.

Adrien de Boufflers figure comme reçu à faire le service personnel avec équipage, au rôle des gentilshommes qui se sont offerts à servir personnellement, le 11 octobre 1575, pour le ban et l'arrière-ban du Bailliage d'Amiens. (Bibliothèque Nationale : Mémoires du règne de Henri III ; autrefois fonds Béthune 8912, aujourd'hui Fr. 3409).

fille de Jean, seigneur de Curcy et autres lieux, et eut cinq enfants :

François II, dont il sera parlé ci-après.

Robert, commandeur de Cury et de la Morée, et Nicolas, chevalier de Malte, qui périrent au combat donné sur la mer de Rhodes, à la prise de la Sultane, en 1644.

Charles, mort jeune.

Et Françoise, épouse de Louis d'Hallencourt, seigneur de Dromesnil.

Il suivit le roi Louis XIII dans son voyage de Bayonne, le servit aux sièges de Casal et de Freues, et conduisit à Beauvais quatre compagnies de chevau-légers pour assurer la ville contre les courses des ennemis qui avaient passé la Somme en 1636.

En 1625 eut lieu entre le roi et M. de Boufflers un partage d'immeubles par lequel furent attribués à celui-ci notamment le bois Bourbon, près Caigny et le Bois, dit du château de Milly, près Haucourt.

Par contrat passé devant Me Boquet, notaire à Milly, le 20 août 1634, M. de Boufflers fonda, en exécution du testament de sa femme, une rente annuelle de trois hectolitres quatre-vingt-quatre litres de blé, au profit du maître d'école de Caigny, à la charge par celui-ci de chanter chaque jour d'école, au-devant du grand autel, diverses prières à l'intention de la dite dame Hennequin, et en outre d'instruire la jeunesse de Caigny et de lui faire le catéchisme.

Par un autre contrat passé devant le même notaire, le 29 août 1634, M. de Boufflers constitua une rente de même nature au profit des six plus pauvres habitants de Caigny, à prendre à perpétuité sur le moulin de Caigny, pour être distribuée par le curé et les marguilliers, le 29 août de chaque année[1].

En octobre 1637, il donna à l'église de Caigny, une magnifique cloche en bronze, qui fut bénite par M. Pierre de Lobel, curé de ce lieu, et nommée « Françoise-Louise » par M. de Boufflers et Françoise de Boufflers, veuve de Louis d'Hallencourt, ainsi que l'indiquait la légende de la cloche. Elle fut malheureusement échangée en 1867 contre trois autres au son peu harmonieux.

Louis XIII, pour reconnaître ses services, érigea la terre de Caigny en comté, en mars 1640[2]; et le 1er juillet 1649, François de Boufflers en rendit hommage au comte de Clermont.

Il mourut le 16 septembre 1670, âgé de quatre-vingt-neuf ans.

XXII. — François II, son fils, maréchal de camp en 1652, avait épousé Louise Le Vergeur, fille de Jérôme Le Vergeur, seigneur de Courtagnon,

---

[1] Ces rentes étaient encore servies il y a quelques années par le château de Crillon, mais on ne chantait plus les prières, et on ne faisait plus le catéchisme

[2] Archives Nationales.

Il est à remarquer que dans les deux actes de 1634 et dans l'inscription portée sur la cloche, François de Boufflers portait le titre de « Comte de Caigny ».

et de Marguerite-Françoise Le Danois. (Contrat de mariage du 22 avril 1640.)

Il se trouva aux sièges d'Arras (1640), Aire, La Bassée et Bapaume (1641).

Il eut pour enfants :

François III.

Louis-François, qui fut le MARÉCHAL DE BOUFFLERS.

Et trois filles : Marguerite, Catherine et Charlotte.

Il mourut le 16 mars 1668.

XXIII. — FRANÇOIS III, comte de Boufflers et de Caigny, vicomte de Ponches, seigneur de Milly (en partie) et autres lieux, Bailli de Beauvais, lieutenant-général au gouvernement de l'Ile-de-France, épousa, le 13 juillet 1670 (contrat de mariage du 12 janvier), Elisabeth-Angélique de Guénégaud, fille de Henri de Guénégaud, comte de Rieux, seigneur du Plessis, et d'Elisabeth de Choiseul-Praslin.

Le 14 février 1672, il mourut, à l'âge de vingt-neuf ans trois mois, des suites d'un duel, au village de Boufflers-en-Ponthieu. A ce propos Madame de Sévigné écrit :

« M. de Boufflers a tué un homme après sa mort;
« il était dans sa bière et en carrosse, on le menait
« à une lieue de Boufflers pour l'enterrer, son curé
« était avec le corps. On verse : la bière coupe le
« cou au pauvre curé[1]. »

---

[1] Lettre du 26 février 1672.

Cet événement donna à la Fontaine l'idée de sa fable : La Mort et le Curé [1].

Madame de Boufflers ne paraît pas avoir eu beaucoup de chagrin de la mort de son mari, car Madame de Sévigné écrit [2] :

« J'ai vu sa petite veuve qui, je crois, se con-« solera. »

Il est vrai que pendant l'agonie de sa mère, toujours si l'on en croit Madame de Sévigné [3] :

« Elle scandalisa tout le monde ; elle causait et « lavait ses dents, pendant que la pauvre femme « rendait l'âme. »

Mais il est juste d'ajouter que le *Mercure galant* [4] dit que c'était une dame d'un mérite distingué, qui pratiqua toujours les devoirs de son état avec une fidélité constante.

Dans un mémoire lu à la Société Académique de l'Oise, le 17 novembre 1890, intitulé : « François III de Boufflers et la mort du curé de M. de Boufflers » M. Wilhorgne a établi que M. de Boufflers n'était mort ni à Conches, ni à Ponches, mais à Boufflers-en-Ponthieu ; que son corps avait été rapporté non à Caigny, ainsi que le pensaient certains auteurs,

---

[1] La Fontaine, livre VII, fable XI.— Madame de Sévigné, lettre du 9 mars 1672.

[2] Lettre du 17 février 1672.

[3] Lettre du 18 août 1677.

[4] Avril 1710.

mais à Monstrelet-sur-Authie ; et que le prêtre tué était le curé de Ligescourt, Jacques Le Roy.

M. de Boufflers avait un fils, né le 25 septembre 1671, HENRY, comte de Boufflers, qui fut colonel d'un régiment d'infanterie, et mourut le 19 mai 1693 à Valenciennes, laissant pour héritier, ainsi que nous le verrons plus loin, son oncle Louis-François de Boufflers.

En 1688, la comtesse de Boufflers, sa mère, fit dessiner par Antoine Gérard, tabellion à Bonnières, le plan du territoire et de la seigneurie de Caigny [1]. Ce plan présente beaucoup d'intérêt, car il indique exactement la position du château, de l'église et des maisons du village ; des rues, chemins, pièces de terre, prés et bois, avec les noms de leurs propriétaires.

Madame de Boufflers mourut à soixante-trois ans, fort regrettée, en avril 1710 [2], et fut inhumée dans l'église Saint-Sulpice, à Paris.

[1] Archives départementales de l'Oise.
[2] Mercure galant : Avril 1710.

La vie du maréchal de Boufflers sera esquissée dans le chapitre suivant.

La généalogie de ses ancêtres [1], tracée brièvement à l'aide de rares documents, a pu paraître monotone; elle aura du moins contribué à mettre en relief les services que cette brillante famille a rendus à la France, particulièrement en versant son sang sur les champs de bataille.

[1] Armoiries des Boufflers : d'argent à 3 molettes à 6 rais de gueules, 2 et 1, accompagnées de 9 croix recroisettées de même, posées 3. 3. 3.

La branche de Remiencourt portait l'écu brisé d'un lambel de gueules en chef.

CHAPITRE II.

—

1644-1661

Louis-François de Boufflers naquit le 10 janvier 1644[1]. Il fut nommé d'abord vicomte de Ponches, et mis au collège des Grassins de Paris, célèbre en ce temps-là, et qui avait pour principal M. le Houx ; il s'y distingua par son application à l'étude, ce qui se remarque par les prix qu'il y remporta : Le premier, en cinquième, suivant l'attestation du principal du 5 août 1656 ; deux en quatrième, le 28 août 1657 ; et un autre en troisième, le 12 août 1658. Y ayant fait toutes ses humanités, le comte de Caigny, son père, l'en retira pour le mettre au Plessis, afin d'y faire sa philosophie ; mais, au bout d'une année, il lui fit quitter ses études pour le mettre à l'académie, où il resta le temps nécessaire

---

[1] Il m'a été impossible de découvrir le lieu de sa naissance ; aucun biographe ne l'indique, pas même Pinard (chronologie historique militaire 1761) : je n'ai pu trouver ce renseignement, ni à Paris, bibliothèque nationale, archives nationales, ministère de la guerre (archives historiques, archives administratives), ni à Crillon, Boufflers et Ponches : La tenue régulière des actes de baptême ne commence en effet que quelques années plus tard.

pour apprendre les exercices propres aux gentilshommes qui voulaient s'avancer dans les armes [1].

1662-1668.

La première partie du règne de Louis XIV (1643-
1661) venait de finir : Les victoires de Rocroi,
Fribourg, Norlingen, Lens et des Dunes avaient
glorieusement préparé les paix de Westphalie et
d'Espagne. Mazarin était mort ; Louis XIV régnait
et gouvernait.

Les noms de Condé et de Turenne devaient faire
battre le cœur de Louis-François de Boufflers. Aussi
entra-t-il à l'armée, à l'âge de dix-huit ans, en
1662, comme cadet au régiment des gardes dans la
compagnie de M. du Castellan ; il prit alors le titre
de chevalier. En 1663, il servit au siège de Marsal
(Lorraine).

Colbert, ayant engagé Louis XIV à tenter un
établissement militaire sur les côtes barbaresques
pour réprimer les pirates, qui étaient la terreur de
la marine marchande et des provinces maritimes,

---

[1] Collection de M. le comte de Troussures : note manuscrite.—
Père de la Rue et Père Poisson. oraisons funèbres du maréchal
de Boufflers.

M. Cousin (la jeunesse de Madame de Longueville) nous apprend
que l'on mettait les jeunes seigneurs de cette époque au collège
et à l'académie : et qu'ils y apprenaient la philosophie, le droit,
l'histoire. les mathématiques. l'italien. sans négliger la danse. la
paume, le cheval, la chasse et le métier des armes.

une escadre, commandée par le duc de Beaufort, l'ancien roi des Halles, alla débarquer cinq mille soldats d'élite devant Gigeri (ou Djidjelli) petit port algérien entre Bougie et Bône. Le chevalier de Boufflers fit partie de cette expédition. On s'empara sans peine de Gigeri (22 juillet 1664), mais par suite des maladies on dût l'abandonner ; un vaisseau de guerre, qui portait le régiment de l'icardie, se brisa au retour sur les côtes de Provence, et ce régiment périt presque en entier.

Le 8 février 1666, M. de Boufflers fut nommé sous-lieutenant aux gardes, son père lui ayant acheté cette charge.

Le roi d'Espagne Philippe IV étant mort, Louis XIV, qui avait épousé sa fille Marie-Thérèse, se déclara son héritier pour les Pays-Bas et la Franche-Comté, et envahit la Flandre espagnole (1667). Ce fut la guerre des *Droits de la Reine* [1] qui se termina par le traité d'Aix-la-Chapelle. M. de Boufflers fit sous le duc de Beaufort la campagne de Flandre ; se distingua aux sièges de Tournai, Douai, Lille, et autres villes, et fut nommé le 15 mars 1668, aide-major au régiment des gardes. Ce fut à cette époque qu'il se fit présenter particulièrement au roi.

---

[1] Ou *de dévolution*.

Cette même année, il perdit son père, François II de Boufflers, et fit avec son frère le comte de Boufflers le partage des biens de leur père et de leur mère, suivant acte reçu par Mes Hanyn et Houppin, notaires à Beauvais, le 8 août 1668[1].

1669-1671.

Le chevalier de Boufflers, au mois de mai 1669, acheta du comte de Lauzun, le régiment des dragons du Roi, ce qui l'obligea à aliéner la plus grande partie de son fonds qui se montait à environ cinquante mille écus, et fut nommé mestre de camp[2] de ce régiment le 2 septembre; il se distingua par l'exacte discipline de ses troupes, et suivit en 1670 le maréchal de Créqui à la conquête de la Lorraine, aux sièges d'Épinal et de Chatté.

1672-1678.

Après la mort de son frère qui arriva en 1672,

---

[1] Bibliothèque nationale : dossiers bleus, volume 17, dossier 2935, folio 27, recto.

[2] Ce grade a été remplacé, en 1788, par celui de colonel. L'histoire des quatorze régiments de dragons sous Louis XIV forme un des livres les plus brillants de nos annales militaires.

   Voici les dragons qui viennent !
     Sauvons-nous !

Tel était le refrain de la vieille chanson des dragons sous Louis XIV. Le Royal-Dragons (De Boufflers) portait l'habit bleu.

ainsi que nous l'avons vu, Louis-François de Boufflers prit le titre de marquis, et fut nommé lieutenant-général au gouvernement général de l'Ile de France et grand-bailli de Beauvais.

Sur ces entrefaites, les Hollandais ayant bravé Louis XIV, la *guerre de Hollande* fut décidée. La France eut à soutenir la lutte d'abord contre la Hollande ; puis contre cette puissance, l'Espagne, l'Empire, l'électorat de Brandebourg et le Danemark coalisés.

Le marquis de Boufflers servit successivement sous les ordres de Luxembourg, Turenne, Condé et Créqui.

Il fut grièvement blessé à Woërden (Hollande) où Luxembourg livra le 12 octobre 1672 au prince d'Orange un combat acharné : à la tête des dragons du Roi, M. de Boufflers avait franchi les marais profonds et les digues fortifiées qui servaient de lignes aux ennemis ; et tout couvert du sang qu'il perdait par sa profonde blessure, il ne sortit du combat qu'après avoir vu le prince en fuite et la ville hors de péril[1].

Il prit une grande part à la sanglante affaire d'Entzheim[2] près Strasbourg, où il fut encore blessé (1674). Il y avait un bois qui serrait la droite de

---

[1] Luxembourg écrivit au Roi la belle conduite de Boufflers.

[2] Ce combat porte aussi le nom de combat de Molsheim. On publia à cette occasion une gravure, intitulée : « la défaite des marchands de fromages » qui était une satire contre les Hollandais.

Turenne et cachait les Impériaux commandés par Charles de Lorraine : M. de Boufflers s'étant détaché du poste où il était, s'avança de lui-même vers le bois; l'attaque devint générale, après deux heures de combat on n'avait gagné ni perdu un pas, quand M. de Boufflers, ranimant sa valeur à la vue de la blessure qu'il venait de recevoir, s'élança sur le retranchement suivi de toute sa troupe; maître de l'entrée du bois, il donna lieu au carnage des ennemis, à la prise de leur canon et à l'heureuse décision de cette journée.

Dans la campagne suivante, les Impériaux opposèrent à Turenne le célèbre Montecuculli; les deux adversaires étaient dignes l'un de l'autre, et on s'attendait à une action décisive.

Le 25 Juillet 1675, du camp de Ganshurst, Turenne écrivait à Louvois la lettre suivante où il est fort question de M. de Boufflers.

« ..... Je fus avant-hier avec quelque cavalerie « jusqu'à Ganshurst, et m'en étant revenu au quar- « tier, je commandai les dragons à minuit, afin de « voir si les ennemis prenaient le poste de Gans- « hurst. Il trouvèrent la nuit un grand corps à une « heure de mon quartier, ce qui obligea M. de « Boufflers de se retirer jusqu'à la petite-garde en « escarmouchant toujours, et voyant qu'on voulait « le couper à un quart-d'heure de jour. L'ennemi « avait un très grand corps que le prince Charles « commandait ...... Comme le jour commençait,

« on fit avancer de l'infanterie, M. de Boufflers
« ayant arrêté jusqu'à ce temps-là, un corps de
« quatre à cinq mille chevaux ou dragons ennemis.
« ...... L'ennemi, après avoir tenu ferme un peu
« de temps, commença à se retirer avant que le
« jour fut grand.

   « Je vins hier près de Ganshurst ...... où j'ai
« trouvé de l'infanterie des ennemis qui s'était saisie
« d'une église et d'un cimetière, et quelques troupes
« de cavalerie qui la soutenaient ...... J'ai
« aussitôt fait avancer de l'infanterie d'un côté et
« les dragons de l'autre....................
« M. d'Hocquincourt a été tué................
« M. de Boufflers avec les dragons y a très bien
« fait. On a poussé les ennemis jusqu'au-delà du
« pont, et ils se sont retirés dans leur camp. »

Par un malheur déplorable à tous égards, le
surlendemain 27, Turenne fut tué d'un coup de
canon à Saltzbach : l'armée dut se retirer. Anquetil
rapporte que Montecuculli fut presque aussitôt averti
de la mort de Turenne, et par la cessation des mouvements des troupes françaises, et par un Allemand,
valet de chambre de M. de Boufflers, qui avait
déserté pour l'en instruire.

Le marquis de Boufflers, qui commandait
l'arrière-garde en qualité de brigadier des dragons,
repoussa trois charges des ennemis, quoiqu'ils
fussent fort supérieurs en nombre, et leur fit
éprouver des pertes assez considérables.

M. de Boufflers se signala encore le 1ᵉʳ août à Altenheim où le comte de Lorges, qui dirigeait la retraite de l'armée de Turenne, eut à soutenir l'attaque des impériaux[1].

Il servit ensuite sous le prince de Condé, qui avait été nommé commandant en chef de l'armée d'Allemagne par lettres patentes du 2 août.

Le 25 février 1677, il fut nommé à l'âge de trente-deux ans, maréchal de camp[2].

Au pont du Rhinfeld, sous les ordres de Créqui, M. de Boufflers à pied, pressant les ennemis, parvint jusqu'au pont encombré de morts, de mourants, de fuyards, poussa tout dans le Rhin, se fit un rempart du corps des ennemis, fit planter son étendard sur le bord du pont-levis, et prit le canon de Staremberg.

Il se signala de nouveau à Sekinghen, prit Fribourg-en-Brisgau (11-17 novembre 1677), sous le maréchal de Créqui, et en reçut le commandement.

Enfin, le 23 juillet de l'année suivante, il chargea les impériaux à Offenburg, leur fit perdre huit cents hommes, commanda l'attaque du fort de Kehl, toujours sous les ordres du maréchal de Créqui, et le prit (26 juillet - 11 août). Il fut nommé en récompense colonel-général des dragons, le 26 août.

---

[1] Lettre de Mᵐᵉ de Sévigné : 9 août 1675.
[2] Ce grade équivaut à celui de général de brigade.

M. de Boufflers répondit à Mlle de Scudéri [1] qui lui avait écrit pour le féliciter, par une lettre datée du 21 août, au camp de Brumpt, où il la remercie. Il est heureux d'avoir un peu de part dans son estime et dans son approbation.

« Je ne puis, ajoute-t-il, vous exprimer avec
« combien de plaisir et de reconnaissance, je reçois
« les marques que vous avez la bonté de m'en donner.
« Continuez, Mademoiselle, je vous en supplie, à
« m'honorer d'un bien si recherché de tout le
« monde .... »

La même année, les Alliés, vaincus sur tous les points, demandèrent la paix : Louis XIV en dicta les conditions à Nimègue.

1679 - 1685

Louis XIV venait de recevoir à l'hôtel de ville de Paris le surnom de *Grand*. Enivré de sa puissance, il continua ses conquêtes pendant la paix.

Le marquis de Boufflers prit en son nom possession de Casal (Montferrat), et commanda le camp de la Sarre (1681). Le 15 octobre de la même année, il fut nommé lieutenant-général [2] : Il avait trente-sept

---

[1] Madeleine de Scudéri (1607-1701), un des ornements de l'hôtel de Rambouillet, publia des romans qui eurent une vogue extraordinaire, fit des vers et reçut de ses contemporains le surnom de dixième muse.

[2] Ce grade équivaut à celui de général de division.

ans; et en décembre, il prit le commandement du corps d'armée qui marcha sur Fontarabie (Espagne) afin de venger les Français des insultes qu'ils avaient reçues des habitants.

L'année suivante, il leva sur l'ordre du Roi le blocus de Luxembourg, et commanda le camp de la Sarre.

En 1683, il commanda toute la cavalerie sur la Saône sous les ordres du Dauphin, puis un corps d'armée en Flandre avec lequel il investit le 1er Novembre Courtrai qui se rendit le 5.

Il commanda ensuite un camp d'observation aux environs de Namur (1684), et reçut ordre de marcher vers Marienbourg, afin d'y rassembler un petit corps d'armée de cavalerie et de dragons, et de se joindre au maréchal de Créqui ou au Roi, suivant les mouvements du prince d'Orange.

Il repassa en 1685 sur les frontières d'Espagne pour commander en Guyenne et au camp de l'Adour; lorsqu'il quitta le camp, chacun pleura son départ, on le considérait comme un père.

1686-1697.

Les puissances, rivales de la France, s'étant *liguées à Augsbourg* (1686) à l'instigation de Guillaume, prince d'Orange, Louis XIV se prépara à la lutte. Jacques II, roi d'Angleterre, frappé de déchéance par le Parlement qui appela ce même

Guillaume à lui succéder (1688) se réfugia en France, et réclama le secours de Louis XIV : ce fut le prétexte de la guerre qui fut déclarée à la fois à l'Angleterre, à la Hollande, à l'Empire, à l'Espagne.

Cette guerre, comme celles de cette époque, dura longtemps ; le marquis de Boufflers devait s'y distinguer par les plus beaux faits d'armes.

Nommé gouverneur général du Luxembourg (1686) et de la Lorraine (1687) il commanda d'abord le camp de la Saône (avril 1688) et celui de la Sarre ; puis il leva en son nom un régiment de cavalerie et un régiment d'infanterie.

Il reçut le 2 décembre 1688 le collier de l'ordre de Saint-Michel.

Le Roi, ayant résolu de porter le fort de la guerre en Allemagne, y envoya le Dauphin, qui s'y distingua pendant la campagne de 1688 ; le maréchal de Duras, Catinat comme lieutenant-général et Vauban étaient sous ses ordres. Le marquis de Boufflers commandait un autre petit corps d'armée. Le Dauphin, en arrivant au-delà du Rhin, demanda au maréchal de Lorges ce qu'il y avait à faire ; il lui répondit qu'il fallait faire ce que César avait fait en Espagne contre les lieutenants de Pompée, c'est-à-dire faire périr l'armée de M. de Bade en lui coupant les vivres et le fourrage. M. de Boufflers fut de son avis. Ce plan ne fut pas exécuté, mais les prisonniers déclarèrent qu'on eût bloqué M. de Bade avec succès [1].

---

[1] Racine, fragments historiques.

M. de Boufflers soumit le Palatinat. Il prit Kayserslautern, Creutznacht, Neustadt, Oppenheim, Worms, Spire, Mayence et autres villes, et bombarda Coblentz. Pour éloigner les ennemis des frontières, Louvois fit dévaster le pays : quarante villes, dont Worms et Spire, tous les bourgs et les villages furent la proie des flammes et du pillage, les cendres des morts ne furent pas même respectées. Ces fureurs doivent être imputées à Louvois qui les ordonna, à Louis XIV qui les souffrit, et non aux soldats forcés d'obéir : Il faut d'ailleurs songer qu'à cette époque régnait une fausse notion du droit des gens. M. de Boufflers soumit ensuite tout le pays de Liège et de Trèves.

Le 26 août 1689, il emporta d'assaut Kocheim (sur la Moselle), fit sept à huit cents prisonniers, y compris le commandant, prit dix drapeaux que son lieutenant des gardes porta au roi, et tua sept ou huit cents hommes à l'ennemi[1]. Puis il fit une retraite très honorable devant des forces supérieures[2]. Madame de Sévigné écrit que pendant cette campagne, ses troupes avaient à peine le temps de respirer ; qu'elles étaient toujours en l'air, jamais deux jours de repos ; qu'elles avaient affaire à un

---

[1] Journal de Dangeau. — Lettre de Madame de Sévigné, 7 septembre 1689.

[2] Lettre royale de 1695. Il n'avait que 6,000 hommes à opposer à 16,000 ennemis.

homme bien vigilant[1]. A ce propos elle se félicite de l'affection que M. de Boufflers, qui était de ses amis[2], portait au marquis de Grignan, qui servait dans son armée, et qu'elle lui avait fait recommander par Madame de La Fayette[3].

M. de Boufflers commanda ensuite le camp de Florainville. En avril 1690, l'armée de la Moselle avec deux lieutenants-généraux et cinq maréchaux de camp fut placée sous ses ordres.

Il contribua au succès de la bataille de Fleurus, gagnée le 1er juillet sur le prince de Waldeck par le duc de Luxembourg, en lui envoyant six mille hommes à temps[4]. Quoiqu'affaibli par ce détachement, M. de Boufflers arrêta les entreprises du Landgrave de Hesse, qui faisait tous ses efforts pour en profiter.

Il brûla ensuite un faubourg de Louvain, leva les contributions, et fut blessé au cou d'un coup de mousquet en entrant dans l'ouvrage à corne, au siège de la ville de Mons, prise par Louis XIV en personne (1691).

Il battit l'arrière-garde d'un corps d'Allemands, bombarda Liège, pour punir les Liégeois de s'être unis à la ligue d'Augsbourg, ramena son armée près

[1] Lettre du 29 juin 1689.
[2] Lettre du 16 juin 1677.
[3] Lettres du 26 juin 1689, 28 août 1689.
[4] Madame de Sévigné : Lettre du 12 juillet 1690.

de Dinant en quatre jours de marche, et chassa les ennemis du Luxembourg.

En janvier 1692, le roi, en considération de ses campagnes, le nomma chevalier du Saint-Esprit; mais comme il était absent, il fut reçu seulement après son retour des Flandres, le 2 février. Après avoir entendu la messe où officia l'évêque d'Orléans, le nouveau chevalier prêta serment; le roi lui donna le cordon bleu, on lui mit le grand manteau et le collier; il baisa la main du roi, et signa au registre de l'ordre. Ses parrains furent MM. de Maulevrier et de Lavardin.

Le 4 Février, le roi reçut M. de Boufflers colonel des Gardes-Françaises [1]; il lui mit le hausse-col, puis l'esponton [2] à la main. M. de Boufflers prêta serment entre les mains du maréchal d'Humières. Il eut à payer 290.000 livres pour le brevet de retenue à M. de la Feuillade, mais il vendit sa charge de colonel-général des dragons environ 400.000 livres [3].

Il y avait près de quatre ans que la France soutenait la guerre contre les puissances. Le roi résolut, vers la fin de 1691, de faire le siège de Namur, capitale de la province de ce nom, regardée

---

[1] Les Gardes-Françaises tenaient garnison dans les faubourgs de Paris et avaient le pas sur le reste de l'armée.

[2] Espèce de demi-pique, marque distinctive des officiers avec le hausse-col.

[3] Journal de Dangeau.

comme le plus fort rempart du Brabant, du pays de Liège, des Provinces-Unies et d'une partie de la basse Allemagne. Trois armées furent formées (1692), destinées à agir : la première sous les ordres du roi; la deuxième sous les ordres du maréchal duc de Luxembourg; et la troisième sous ceux du marquis de Boufflers. La ville dont la garnison était de plus de neuf mille hommes, fut investie le 24 mai, et se rendit le 4 juin après six jours d'attaque. Les travaux continuèrent contre le château. Le prince d'Orange, Guillaume, étant venu pour livrer bataille et dégager la place, le marquis de Boufflers fut chargé de disputer aux ennemis le passage de la Sambre. Le château capitula le 30 juin, et les confédérés qui s'étaient éloignés sans livrer bataille, apprirent, par trois salves de l'armée du maréchal de Luxembourg et de celle du marquis de Boufflers, la triste nouvelle que Namur était rendu [1].

Le 4 août, le maréchal de Luxembourg battit le prince d'Orange et les alliés à Steinkerque. Le marquis de Boufflers qui était campé à deux lieues, accourut au bruit du canon, fit faire à ses dragons et à son infanterie une diligence incroyable, secourut la gauche de l'armée qui était compromise, en chargeant vigoureusement la droite des ennemis, et eut ainsi une grande part au gain de la bataille [2].

[1] Racine : Relation du siège de Namur.

[2] Mémoires du marquis de la Fare, 1755. — Luxembourg, relation du combat.

Le Roi, ayant donné l'ordre au maréchal de Luxembourg de charger le marquis de Boufflers de surprendre Ostende, le maréchal de Luxembourg ne fut pas fâché de donner une commission très hasardeuse au marquis de Boufflers qu'il n'aimait pas[1]. Il le jetait par là dans la fâcheuse incertitude, ou de refuser une commission que le Roi lui donnait ou de faire une entreprise très difficile. M. de Boufflers la jugea impossible ; il en fit voir toutes les raisons au Roi qui les approuva.

Les 19 et 20 octobre, M. de Boufflers bombarda Charleroi, et en janvier 1693 il reprit Furnes par un temps très fâcheux malgré la difficulté des chemins, l'inondation qui couvrait presque totalement la place, et l'armée du duc de Bavière qui était venue pour le secourir. Il y enleva quatre mille anglais ; la tranchée fut ouverte le 5, et quinze heures après les ennemis battirent la chamade.

En récompense de ses nombreux services il fut fait *Maréchal de France*, le 27 mars, en même temps que MM. de Choiseul, Villeroy, Joyeuse, Tourville, Noailles et Catinat ; mais il ne put prêter serment au Roi et recevoir le bâton couvert de velours bleu fleurdelisé, insigne de sa dignité, que

---

[1] Mémoires de Villars — Le maréchal de Luxembourg n'aimait pas M. de Boufflers, probablement par suite de cette jalousie qu'on rencontre quelquefois chez les généraux et à cause du secours qu'il lui avait donné à Fleurus et à Steinkerque.

le 2 juin, en Flandre. Au commencement d'avril, il avait été honoré de l'ordre de Saint-Louis.

Il commanda, en avril, l'armée de la Moselle à Tournai, et eut sous ses ordres sept lieutenants-généraux et huit maréchaux de camp. Il se trouva le 28 juillet à la bataille de Neerwinden, où le maréchal de Luxembourg remporta une brillante victoire sur les Hollandais commandés par Guillaume III ; le combat fut si acharné que M. de Boufflers opina un moment pour la retraite.

Le 14 décembre de cette année, le maréchal de Boufflers épousa Catherine-Charlotte de GRAMONT, fille d'Antoine, duc de Gramont, pair de France, chevalier des ordres du Roi (d'une famille ancienne et illustre, originaire de la Basse-Navarre), et de Marie-Charlotte de Castelnau, fille de Jacques, marquis de Castelnau, maréchal de France. Elle était âgée de vingt-trois ans, belle, bien faite et spirituelle ; depuis dix-huit mois elle était auprès de sa mère, la duchesse de Gramont, qui était attaquée d'un mal dont elle mourut au mois de février suivant. Mademoiselle de Gramont était d'une très grande vertu et d'une vie exemplaire. Elle avait un frère, le comte de Guiche, qui avait épousé Mademoiselle de

Noailles, fille du maréchal duc de Noailles. A cause
de cette alliance et de l'état de santé de la duchesse
de Gramont, la noce se fit chez la duchesse de
Noailles. Mademoiselle de Gramont reçut en dot,
une valeur de quatre cent mille livres, deux cent
mille en argent et deux cent mille en fonds de terre ;
le Roi signa le contrat de mariage avec beaucoup de
satisfaction et de marques d'estime pour les mariés.
Il donna un brevet de retenue considérable au
maréchal de Boufflers sur sa charge de colonel du
régiment des gardes. Le maréchal, qui était un
des plus vigilants hommes du monde, et tout
appliqué au métier de la guerre, aussitôt marié, fit
une revue de ce régiment ; et comme il était
extrêmement libéral et qu'il n'épargnait rien surtout
lorsqu'il s'agissait de faire du bien à ceux qui
servaient le Roi, il donna trois cent louis d'or neufs
aux soldats de ce même régiment des gardes[1].

Madame de Boufflers parut le 23 à la cour pour
la première fois : Elle vint saluer le roi chez
Madame de Maintenon qui la présenta à Sa
Majesté.

Son neveu, le comte Henri de Boufflers étant
mort (ainsi que nous l'avons vu), le laissant pour
héritier bénéficiaire, le maréchal de Boufflers tran-
sigea sur cette succession avec la comtesse de
Boufflers, née de Guénégaud, mère du jeune comte,

---

[1] Mercure galant : Décembre 1693.

par acte du 31 décembre ; et devint par suite propriétaire de la terre de Caigny et autres lieux.

En 1694, il commanda l'armée de la Meuse, fut nommé gouverneur général de Lille et des Flandres, et se démit du gouvernement de la Lorraine.

L'année suivante (1695), le prince d'Orange (Guillaume III, roi d'Angleterre) après diverses manœuvres qui masquaient ses desseins, investit tout à coup Namur. Le maréchal de Boufflers, qui s'en était toujours douté, avait eu soin que la place fût abondamment garnie. Quoique malade de la fièvre double tierce, il y entra le 2 juillet sur les six heures du soir, avec sept régiments de dragons [1], et défendit successivement la ville du 2 juillet au 6 août, et le château du 6 août au 5 septembre, malgré quatre assauts, contre les forces réunies d'Angleterre, de Hollande, d'Espagne et d'Allemagne comprenant cent mille hommes, cent trente pièces de canon et soixante mortiers. Le maréchal, qui n'avait eu que quinze mille hommes de garnison, sur lesquels il ne lui en restait pas trois mille en bonne santé, fut

[1] Madame de Sévigné : Lettre du 8 juillet 1695.

forcé de capituler lorsqu'il sut qu'il n'avait rien à
attendre de Villeroi qui jugea le secours impossible.
Ce siège coûta vingt mille hommes aux ennemis.
Lorsque le maréchal sortit à la tête de la garnison,
le 5 septembre, devant Guillaume, l'Électeur de
Bavière et le landgrave de Hesse, un officier ennemi
le pria de se retirer un peu, ayant quelque chose à
lui dire. « Il n'y a personne de suspect auprès de
moi, lui répondit le maréchal, et vous pouvez hardi-
ment tout dire » — L'officier lui dit alors : « Le roi
d'Angleterre vous fait arrêter. » D'où grande surprise de ce fier général qui n'avait rien à se repro-
cher. Il fut donc, au mépris des conditions de la
capitulation, envoyé prisonnier à Maëstricht, sous
le prétexte frivole que Louis XIV n'avait pas voulu
laisser racheter les garnisons de Deinse et Dixmude,
qui avaient été faites prisonnières de guerre. Les
ennemis lui ayant offert de lui rendre la liberté, s'il
voulait engager sa parole de réparer tout ce dont
ils se plaignaient, il déclara :

« Qu'il n'avait point de parole à donner contre les
« intérêts et les intentions de son maître ; et que la
« prison et la mort ne l'ébranleraient jamais. »

Il écrivit en même temps au roi :

« Que c'était à Sa Majesté de prononcer sur la
« justice ou l'injustice de leur plainte ; mais qu'à
« son égard il la suppliait que sa considération per-
« sonnelle n'entrât pour rien dans les mesures
« qu'Elle jugeait plus convenable au vrai bien de

« son État ; et que ce serait toujours avec plaisir
« qu'avec sa liberté il lui dévouerait sa vie » [1].

On eut pour lui les plus grands égards. Il avait la
liberté de se promener, une garde avec un capitaine
et ses gens pour le servir. Il fut mis en liberté quinze
jours après, revint à Fontainebleau, où il fut reçu
avec des applaudissements extrêmes, et fit avancer
en grade tous ceux qui étaient avec lui dans
Namur.

Au fond les Alliés, las de la guerre, avaient voulu
entamer avec lui des négociations pour arriver à la
paix. Le prince d'Orange aimait mieux traiter avec
un homme droit, franc et libéral tel que M. de
Boufflers, qu'avec l'emphase, les grands airs et la
vanité du maréchal de Villeroi. Il savait que ce qui
se passerait irait droit au roi, mais qu'avec M. de
Boufflers ce serait avec plus de précision et de
sûreté, parce qu'il n'y ajouterait rien du sien. Le
maréchal de Boufflers eut donc plusieurs conférences
avec le comte de Portland, le plus intime confident
de Guillaume, et ces conférences hâtèrent la con-
clusion de la paix de Ryswick. Le comte de
Portland lui fit présent de trois beaux chevaux
anglais [2].

---

[1] Lettre au roi, du 6 septembre 1695
[2] Mémoires de Saint-Simon.
Grimblot : Correspondances de Louis XIV et Boufflers. et de
Guillaume avec Portland. — Londres 1848.

En juin 1697, il se trouva avec Catinat, Villeroi et Vauban au siège d'Ath, place qui couvrait Bruxelles.

Louis XIV, en considération des services de M. de Boufflers, érigea le comté de Caigny en duché, par lettres-patentes données à Fontainebleau le 14 septembre 1695 et vérifiées en Parlement le 19 novembre. Ces lettres, adressées par le roi à « notre très cher bien âmé cousin » le maréchal de Boufflers, constatent que la famille des Boufflers, connue dès le onzième siècle, était de la plus pure noblesse du royaume, et contiennent en termes extrêmement flatteurs la relation des services militaires du maréchal.

La maréchale de Boufflers fut transportée de joie de la nouvelle dignité conférée à son mari[1].

Le duché fut composé du domaine de Caigny, d'un tiers de la châtellenie de Milly, des terres et

[1] Madame de Sévigné : Lettre du 9 septembre 1695.

paroisses de Bonnières [1], Haucourt, Buicourt, Marseille en partie, Vrocourt en partie et Troussures près d'Auneuil. Le maréchal de Boufflers acheta, le 26 février 1699, les deux autres tiers de la châtellerie de Milly au prince de Carignan, qui les tenait comme dépendant du comté de Clermont; ces biens étant engagés, il les remit au roi contre remboursement, mais il les reprit ensuite à titre d'échange contre des propriétés lui appartenant dans le parc de Versailles, par acte du 21 septembre 1699 devant Desnotes et Moufle, notaires au Chatelet, confirmé par lettres-patentes du 1er février 1700. Le roi, par les mêmes lettres, autorisa la réunion au duché des terres de Moimont, Courroy, Fouilloy et la Cour d'Auneuil en partie, l'Héraule, le fief du Potel, le surplus de la terre de Vrocourt et La Place que le maréchal avait acquises, à la condition que le duché serait mouvant du roi à cause de la grosse tour du Louvre, et qu'il n'y aurait qu'une seule justice ducale ressortissant du

[1] Bossuet, abbé commendataire de Saint-Lucien, fit opposition à ce que le maréchal de Boufflers comprît la seigneurie de Bonnières dans la suprématie de son duché, pour garantir les droits de son abbaye, et écrivit à M. le Scellier (dont il sera question plus loin) le 4 janvier 1696 : « Je vous envoye, Monsieur, cette procuration pour faire l'opposition y marquée, sur laquelle je m'accorderai avec Monsieur le maréchal de Boufflers, qui sçait bien que je suis de tout temps très parfaitement son serviteur. Je suis à vous de tout mon cœur ». Pour éviter toute contestation, il vendit cette seigneurie à M. de Boufflers en 1700. — Histoire de l'abbaye royale de Saint-Lucien, par M. M. Deladreue et Mathon, 1874.

Parlement de Paris, avec siège à Caigny, bailli et lieutenant, procureur fiscal et autres officiers [1].

A Boufflers-en-Ponthieu il y avait un bailliage, dit bailliage de Boufflers, Ponches, Ligescourt et Anconay. On voit par le plumitif d'audience (1688-1709) que le bailli avait rendu des ordonnances prescrivant aux habitants de Boufflers, dont les fiefs relevaient du maréchal duc de Boufflers, de mettre des blocs au cou de leurs chiens pour les empêcher de poursuivre et de prendre le gibier, sous peine de quinze sous d'amende; et des sentences condamnant plusieurs particuliers dont les chiens avaient été trouvés sans bloc au cou, à l'amende de dix sous, et Jacques Dumont à l'amende de quinze sous et à pareille somme de restitution pour avoir coupé un fagot de branches de chêne dans le bois de Boufflers [2].

Le maréchal fit rétablir le château de Caigny qui existe encore actuellement sur les restes de celui que les ligueurs avaient renversé et qui avait été bâti par Adrien II [3].

---

[1] Archives nationales. — Il existe à Crillon, un lieu dit « Le Buquet de Justice » probablement parce que c'était là que s'exécutaient les sentences de la justice ducale ; et que s'élevaient les fourches patibulaires.

[2] Archives Départementales de la Somme, série B, 770 (registre).

[3] L'Ancien château-fort, datant de la maison de Picquigny. était situé près de la rivière du Thérain. Les derniers vestiges indiqués au plan cadastral consistaient en un corps de logis et deux tourelles dont les murs avaient deux mètres d'épaisseur.

Il agrandit le bourg de Caigny, construisit la halle actuelle, et établit la manufacture royale d'étoffes qui existait encore en partie en 1836 rue de l'Église[1]. On sait par un arrêt du Conseil d'État du 19 septembre 1713, que le propriétaire et entrepreneur de la manufacture, au temps du maréchal de Boufflers, était un sieur de Mérou; que cette industrie soutenait beaucoup de familles, et qu'on y fabriquait pour ameublement et autres usages :

1° La sempiterne ou sempiternelle, étoffe croisée faite de pure laine; la pièce contenait 19 à 20 aunes sur trois-quarts de large.

2° L'écarlatille, teinte en écarlate de bon teint, étoffe croisée très fine, faite avec partie de laine d'Espagne : la pièce contenait 15 à 16 aunes sur demi-aune et un seizième de large.

3° L'écarlatille large, teinte aussi en écarlate de bon teint, étoffe croisée faite avec partie de laine d'Espagne : la pièce contenait 20 à 21 aunes sur deux tiers de large.

Cette dernière étoffe était plus forte que l'écarlatille étroite.

En 1713, le sieur de Mérou, voulant écouler 2060 pièces de sempiterne et 408 d'écarlatille qu'il avait en magasin, et en fabriquer d'autres, obtint l'autorisation d'établir une loterie de 300.000 livres, composée de 988 lots de ces marchandises, le

---

[1] Il n'en reste plus qu'une grande porte cintrée et un puits.

surplus en numéraire, dont chaque billet coûtait 20 sols[1].

Le maréchal fit dresser par Mansart les plans d'un nouveau château digne de lui, qui fut commencé. Placé au sommet du coteau, dominant le Thérain et les environs, il formait le centre d'un magnifique panorama de collines et de plaines, de villages, de prairies, de terres cultivées et de bois; la vue s'étendait à l'ouest jusqu'à Gerberoy, au sud jusqu'aux falaises du Bray, et à l'est presque jusqu'à la ville de Beauvais. Dans la partie nord du parc actuel on remarque des nivellements de terrain présentant une certaine importance et disposés pour l'emplacement des batiments principaux. Encore plus au nord, deux pavillons d'entrée furent construits avec grille en fer; mais ils furent démolis au commencement du dix-neuvième siècle, les matériaux servirent à édifier les deux pavillons que l'on remarque aux extrémités du château actuel, et la grille en fer fut placée à l'entrée de l'avenue.

Entre l'emplacement des pavillons démolis et les vestiges du château projeté, on remarque une place circulaire appelée encore actuellement « le Cheval de bronze. » C'est là que fut placée en grande pompe, en septembre 1701, la statue equestre de Louis XIV donnée par lui au maréchal en 1700. Cette statue,

---

[1] Archives départementales de la Somme : Ce document indiqué sous la série A. 3. se trouve réellement série C (industrie).

œuvre de Girardon, fondue par Keller, était destinée
d'abord à orner la place Vendôme, mais elle fut
jugée trop petite. Elle fut érigée par les ordres du
maréchal « pour servir de monument à la reconnaissance qu'il voulait témoigner à la postérité des
bienfaits qu'il avait reçus de sa Majesté » Le maire
de Beauvais, d'autres membres du corps de ville,
avec les compagnies privilégiées, se rendirent à
Boufflers, pour assister à cette cérémonie, et y
firent conduire les pièces d'artillerie laissées à la
ville. La fête fut célébrée à la satisfaction publique,
et avec toute la magnificence possible ; la noblesse y
assista ; il y eut un magnifique repas, illumination
et feu d'artifice [1].

Une large avenue partait des pavillons pour
aboutir au bois Payen [2]. Les fossés creusés pour le
château projeté recevaient les eaux amenées par des
conduites en fer et en poterie du hameau de La Place,
commune d'Hodenc-en-Bray : on en retrouve encore
les traces. Enfin on voit encore l'emplacement d'un
bassin entre les fossés et la route de Beauvais [3].

Il existe à la Bibliothèque nationale (Département
des estampes, topographie de la France, Beauvais,
V. a. 137) des dessins de ce château :

1° Une partie du duché de Boufflers (teinté).

---

[1] Archives municipales de Beauvais, BB. 55.

[2] Elle figure encore au plan cadastral.

[3] Note de M. Lecoutre, ancien agent-voyer en chef des arron-
dissements de Beauvais et de Clermont, décédé maire de Crillon.

2° Quatre plans du château par Mansart (à l'encre de chine).

3° Deux vues du château (coloriées).

4° Une vue du château (au trait).

5° Un dessin du château (colorié).

6° Un autre, gravé par Le Pautre, et vendu chez Mariette.

7° Un autre (colorié).

8° Plans et dessins du même château (à l'encre).

Il y eut un projet primitif. Le projet définitif comprenait trois corps de batiments : Le premier, en façade, regardant le sud, avec rez-de-chaussée, premier étage, grenier mansardé, fronton aux armes du maréchal et campanile ; le deuxième, en retour d'équerre, à l'ouest, où se seraient trouvés les communs ; le troisième, en retour d'équerre, à l'est, où devait exister une longue galerie vitrée conduisant à la chapelle ; cour entre les trois corps de bâtiments. Le plan général comprenait du sud au nord, la pièce d'eau, des parterres, un jet d'eau, le château, la statue de Louis XIV, deux pavillons d'entrée et l'avenue du bois Payen.

Le maréchal fut nommé en 1696 gouverneur héréditaire de Beauvais, et commanda en chef l'armée de Flandre, avec huit lieutenants-généraux, dont le duc du Maine, sous ses ordres.

Il portait beaucoup d'intérêt à la ville de Beauvais : Il lui rendit service en mainte occasion, notamment pour obtenir décharge des droits d'entrée sur les

marchandises et d'entretien de prisonniers de guerre ;
il intervint dans l'affaire des sœurs Barrettes ;
il fit don à la ville de son portrait [1]. Voici un extrait
de la lettre qu'il écrivit aux maire et échevins à
l'occasion des contributions demandées par les
Hollandais, en 1709, aux habitants de Picardie et
du Beauvaisis :

« A Paris, le 6 juillet 1709.

« J'ay receu, Messieurs, la lettre que vous avez
« pris la peine de m'escrire le 4 de ce mois avec la
« copie qui y était jointe de celle du Sr des Bons,
« de la part des États-Généraux au sujet des contri-
« butions.

« Gardez-vous bien d'y faire aucune réponse
« ..... Je ne manqueray d'avoir l'honneur d'en
« rendre conte au Roy, et je vous feray scavoir sur
« cela les intentions de Sa Majesté, au cas que
« M. Voysin et M. l'intendant ne vous en ayent pas
« desja informez.........................
« Continuez à m'informer de ce qui se passera
« de nouveau à Beauvais, et me croiez toujours,
« Messieurs, très-sincèrement et très-passionnément
« à vous.

« LE MARÉCHAL DUC DE BOUFFLERS.

(avec paraphe)
« MM. les Maire et Échevins de Beauvais. ».

---

[1] Je n'ai pu découvrir ce que ce portrait était devenu ; il n'est
ni à l'Hôtel de Ville, ni au Musée.

On voit par cette lettre que l'écriture du maréchal était large, nette, régulière et très ferme.

De son côté la ville de Beauvais, reconnaissante de sa protection et de ses bontés, lui rendit les plus grands honneurs : Lors de son entrée comme gouverneur héréditaire en 1696, il fut reçu avec une grande affluence de peuple et une joie extrême ; le corps de ville lui adressa une lettre de congratulation au sujet de sa promotion à la dignité de maréchal de France, et en reçut une lettre de remerciements. Le 15 mars 1699, la ville lui fit présent de trois corbeilles d'argent valant 500 livres ; on faisait des feux de joie à l'occasion de ses victoires en Flandre ; lorsqu'il passait par la ville avec la Maréchale pour se rendre à Boufflers (1705), le corps de ville les recevait à l'Hôtel de Ville, et les compagnies privilégiées sous les armes allaient les attendre à la porte de Paris et les accompagnaient jusqu'à la porte de l'Hôtel Dieu[1]. Il paraîtrait que la manufacture royale de tapisseries de Beauvais aurait fait des tapisseries pour le maréchal[2]. On voit dans l'église Saint-Étienne une Assomption aux armes de Boufflers, qui a dû être donnée par lui à cette église.

M. le comte de Troussures possède trois lettres du maréchal adressées à M. le Scellier, président

[1] Archives municipales de Beauvais : AA 11. BB. 52. 54. 55. 56. GG. 296.

[2] J'ai tenté des recherches à ce sujet, je n'ai pas reçu de réponse.

en l'élection de Beauvais : dans la première, datée du 12 janvier 1685, il se plaint que les habitants de Cagny aient surchargé outre mesure le receveur de la terre de Cagny dans l'imposition de la taille, et supplie M. le Scellier de faire tout ce qu'il pourra « pour lui faire faire diminution de ladite imposition, en sorte qu'il ne paye pas plus que les années passées ». Les deux autres lettres datées des 26 janvier et 15 février 1699 concernent l'entretien des routes de l'élection de Beauvais.

1698-1700.

De juin à septembre 1698, le maréchal commanda le camp de Coudun (près Compiègne) établi pour l'instruction du duc de Bourgogne, avec six lieutenants-généraux et huit maréchaux de camp sous ses ordres. Le maréchal ayant visité les lieux, trouva la moisson trop peu avancée ; on attendit quelque temps, et on la fit terminer par les Suisses envoyés par le roi.

M. de Boufflers étonna par l'ordre et la discipline

qu'il fit régner. Il montra une abondance, un goût, une magnificence extraordinaires : on y trouvait des maisons de bois splendides et des tentes magnifiques ; les tables, où se trouvaient les mets les plus variés, les vins français et étrangers, les liqueurs les plus rares étaient servies à toute heure ; la vaisselle était aux armes du maréchal ; la livrée prodigieuse avec un grand nombre de pages ; le roi avait résolu que le duc de Bourgogne tiendrait grosse table au quartier général à Coudun, mais ayant vu la magnificence de M. de Boufflers. il trouva que c'était inutile, et que le duc de Bourgogne irait dîner chez le maréchal. Les Enfants de France, les princes et les princesses y dînèrent. Louis XIV et le roi d'Angleterre, Jacques II, y dînèrent aussi, et le maréchal, malgré leurs instances, ne voulut point se mettre à table : il les servit.

On fit le siège de Compiègne dans les formes ; une bataille fut livrée, il y eut beaucoup de manœuvres et de revues.

Le roi alloua au maréchal une indemnité de cent mille livres, en accompagnant ce don de paroles gracieuses : C'était une goutte d'eau [1].

---

[1] Mémoires de Saint-Simon.
Journal de Dangeau.

1701-1711.

Nous arrivons à la dernière période du règne de Louis XIV, où les revers, les infortunes, la misère publique vont succéder à la splendeur des temps que nous venons de parcourir.

Charles II, roi d'Espagne, étant mort en 1700 sans héritiers directs, laissa par testament la couronne au duc d'Anjou, l'un des petits-fils de Louis XIV, qui prit le nom de Philippe V ; par suite une nouvelle coalition se forma contre la France (1701) et la guerre, dite *de la succession d'Espagne*, fut déclarée.

Nous verrons le maréchal de Boufflers se conduire en héros, et mourir attristé des malheurs de la France, sans avoir vu la victoire de Denain, ni la signature de la paix d'Utrecht.

Au mois de janvier 1701, il se rendit à Lille pour préparer la campagne, et dans une lettre datée du 22, il développa au roi le plan des opérations. Il s'agissait de s'emparer des Pays-Bas espagnols alors occupés par les Hollandais [1].

Dans la nuit du 5 au 6 février, le maréchal qui était à Tournay, fit occuper malgré la neige et les mauvais chemins, Luxembourg, Namur, Charleroi,

---

[1] Dépôt de la Guerre : Campagnes de 1701, 1702, 1703.

Mons, Ath, Oudenarde, Nieuport et Courtrai; puis il poussa les Hollandais jusqu'à Nimègue. Ils se jetèrent en désordre dans les ouvrages de la place et perdirent douze cents hommes et quatre cents chariots d'artillerie et de bagages. Mais, inférieur de moitié aux forces de Marlborough, il fut obligé de reculer.

Il porta, au mois d'août, son quartier-général à Bruxelles.

En mars 1702, le duc de Bourgogne, qui était âgé de vingt ans, ayant obtenu de commander l'armée des Pays-Bas, le roi lui adjoignit pour chef réel des troupes et pour guide le maréchal de Boufflers, qui tâcha de suppléer par son courage et son dévouement à l'épuisement de ses forces physiques[1]. Il ne se passa rien de bien remarquable pendant cette campagne, ni du côté des Français, ni du côté des ennemis Le 29 novembre, le maréchal qui avait reçu du roi permission d'aller passer huit jours à la cour, partit de Bruxelles, après avoir fait entrer les troupes dans les quartiers d'hiver.

Il se couvrit de gloire au combat d'Eckeren, près Anvers (30 juin 1703) où il battit les Hollandais et les Anglais commandés par le baron d'Obdam. Il commença l'attaque à trois heures de l'après-midi, deux heures avant l'arrivée de son infanterie, et

---

[1] Fénelon : Mémoire sur la campagne de 1702 et correspondance.

combattit jusqu'à la nuit. Les troupes françaises
eurent deux mille hommes tués ou blessés, et les
Hollandais perdirent quatre mille hommes tués,
huit cents prisonniers, trois cents chariots, quatre
pièces de canon, deux mortiers, toutes leurs munitions, et plusieurs drapeaux[1]. Philippe V reconnaissant lui envoya l'ordre de la Toison d'Or, qu'il
reçut par le duc de Berri le 15 janvier 1704.

Le maréchal n'eut pas de commandement en 1704;
il reçut une augmentation de deux cent mille livres
de brevet de retenue. En janvier, le duc de Gramont,
avec sa magnificence ordinaire, donna au duc
d'Albe, ambassadeur d'Espagne, et à la duchesse
d'Albe, une fête somptueuse où se trouvèrent M. et
Madame de Boufflers : il y eut un couvert de seize
personnes, service en vaisselle d'argent et vermeil,
concert de tous les plus beaux airs espagnols et
italiens; deux mille bougies éclairaient les appar-
tements de l'hôtel[2].

Le maréchal de Duras, qui était capitaine de la
deuxième compagnie des gardes du corps[3] étant

[1] Dépôt de la guerre : Relation du combat par le maréchal de
Boufflers. — Lettre de Marlborough au comte de Sinzendorff.

[2] Mercure galant.

[3] On nommait ainsi des compagnies de gentilshommes, qui
étaient spécialement destinés à garder le roi : ils étaient à cheval
et avaient le pas sur tous les autres corps.

A Versailles, près du confessionnal, se trouve une glace sans
tain : c'est derrière cette glace que pendant la confession du roi,
le capitaine des gardes se tenait l'épée nue, sa consigne étant de
ne jamais perdre le roi de vue.

mort cette année, le roi fit venir M. de Boufflers pour lui déclarer qu'il lui donnait cette place, afin de l'approcher de sa personne; il y joignit des compliments d'estime allant jusqu'à la tendresse. Le maréchal, qui était pénétré du plus profond respect pour le roi et peu familier avec le langage des cours, s'inclinant pour remercier le roi, celui-ci lui apprit aussitôt qu'il avait donné sa charge de colonel du régiment des gardes françaises au duc de Guiche, gendre du maréchal de Noailles[1]. Le maréchal, à ces paroles, resta comme frappé de la foudre, et sortit sans avoir pu proférer un seul mot, les larmes aux yeux. Il s'en alla chez lui, où il trouva sa femme qui ne pouvait comprendre ce qui venait d'arriver. Le maréchal de Noailles poussa même l'audace jusqu'à prier M. de Boufflers de demander au roi pour le duc de Guiche, le brevet de cinq cent mille livres qu'il avait sur le régiment des gardes. M. de Boufflers hors de lui de douleur et de dépit, dissimula et avala ce dernier calice. Jamais le maréchal de Boufflers, ni sa femme, ne se consolèrent de ce rapt, et ne le pardonnèrent[2].

Le roi permit au maréchal de Boufflers et à sa postérité (1705) d'orner l'écussson de leurs armes des étendards de colonel-général des dragons, et des drapeaux de colonel des Gardes-Françaises.

---

[1] C'était le beau-frère du maréchal de Boufflers.

[2] Mémoires de Saint-Simon. — Mémoires du duc de Luynes sur la cour de Louis XV.

En 1708, la ville de Lille étant menacée par cent mille ennemis commandés par le prince Eugène de Savoie et le duc de Marlborough, le maréchal de Boufflers, qui était gouverneur de la Flandre et ne pouvait s'accoutumer à ne plus commander d'armée, demanda l'autorisation de défendre cette place, capitale de son gouvernement. Cette faveur, qui lui fut d'abord refusée sous le prétexte qu'il n'était pas d'usage qu'un maréchal de France fît office de gouverneur de ville, lui fut enfin accordée. Comme il n'y avait plus d'argent dans le Trésor, il emprunta cent mille écus sur ses biens, et répondit pour le roi, en Flandre, de plus d'un million. Il renforça la garnison avec trois mille jeunes volontaires, dont il fit bien vite de vieux soldats. Il se conduisit en héros pendant le siège où il fut l'idole des soldats et des habitants, qui se battaient comme des enragés au cri de « Vive le roi et Boufflers! » Il couchait tout habillé aux attaques, ne se mit pas trois fois dans son lit, fut blessé plusieurs fois, et cachait ses blessures pour rester à la tête des troupes. Un jour, quoique grièvement atteint à la tête et au bras, il voulut sortir de sa chambre, refusant d'être saigné pour ne pas diminuer ses forces, mais sa maison fut investie par les soldats qui le menacèrent de quitter leur poste, s'ils le revoyaient de huit jours. La brèche était ouverte depuis quarante jours, quand le maréchal écrivait au duc de Bourgogne :

« Tout va bien dans la ville, la garnison vient

« d'être recrutée par une multitude de jeunes gens
« de métiers, qui se sont enrôlés volontaires. Les
« bourgeois m'ont offert leurs enfants si j'en avais
« besoin. Tout le monde, jusqu'aux dames, comme
« autrefois à Carthage, veut avoir part au service
« du siège. Les plus qualifiées d'entre nos Lilloises
« servent les malades et les blessés dans les
« hôpitaux. »

On ne peut raconter ce siège où le terrain fut
disputé pied à pied ; le maréchal, comme les habitants et les défenseurs, mangèrent les chevaux :
on en tua huit cents. Il prenait spécialement soin
des hôpitaux, voyait tout et donnait ses ordres sous
le plus grand feu comme s'il eut été dans sa
chambre ; on ne peut comprendre comment un
homme de son âge et tout usé à la guerre, put
soutenir un pareil travail de corps et d'esprit.

Ayant appris que Louis XIV avait écrit au maréchal de Boufflers de se rendre, le prince Eugène lui
envoya de son côté une lettre dans laquelle il lui
disait :

« L'armée française s'est retirée, Monsieur le
« Maréchal, vers Tournay, l'Électeur de Bavière
« vers Namur, les princes vers leur Cour, ménagez
« votre personne et votre brave garnison. Je signe-
« rai encore tout ce que vous voudrez. »

M. de Boufflers répondit :

« Rien ne presse encore : permettez-moi de me
« défendre le plus longtemps que je pourrai. Il me

« reste assez d'ouvrage pour mériter encore plus
« l'estime de l'homme que je respecte le plus. »

Enfin, après une résistance qui dura du 12 août
au 11 décembre, et pendant laquelle quinze combats,
qui coûtèrent vingt-cinq mille hommes aux ennemis,
furent livrés, il dut capituler faute de ressources,
et pour obéir aux ordres réitérés du roi qu'il avait
même tenus cachés quelques temps. On ne peut
s'expliquer l'inaction volontaire et contraire aux
ordres du roi, de M. de Vendôme[1] et du duc de
Bourgogne qui ne vinrent pas au secours de la
place. Le prince Eugène ne lui fit d'autres conditions que de signer celles que lui proposerait le
duc de Boufflers et ajouta :

« C'est pour vous marquer, Monsieur le Maré-
« chal, ma parfaite estime pour votre personne, et
« je suis sûr qu'un galant homme comme vous n'en
« abusera pas. Je vous félicite de votre belle
« défense. »

Le prince Eugène demanda l'autorisation de lui
faire visite, et vint le voir vers le soir. Il le félicita
sur sa belle défense en termes délicats :

« Monsieur le Maréchal, lui dit-il, je suis fort
« glorieux d'avoir pris Lille, mais j'aimerais mieux
« encore l'avoir défendu comme vous. »

---

[1] M. de Boufflers disait en parlant de Vendôme « qu'on ne
commande pas une armée de dessus sa chaise percée : c'est sa
situation ordinaire ». — Lettre de Madame de Maintenon.

Le maréchal lui proposa de partager son souper et, sur son acceptation, lui offrit un repas magnifique ; mais le prince, ayant désiré voir son véritable dîner, le maréchal fit apporter les deux morceaux de cheval qu'on devait lui servir. Le prince les trouva mangeables.

Le maréchal de Boufflers obtint « que la garnison sortirait avec chevaux, armes et bagages ; qu'elle traverserait la ville et le camp ennemi, tambour battant, balle en bouche, mèche allumée par les deux bouts, suivie de six pièces de canons ; que chaque soldat aurait des munitions pour tirer douze coups ; et qu'enfin les malades et les blessés seraient conduits à Douai, aux frais des assiégeants. » Le Prince Eugène fit rendre au maréchal les plus grands honneurs : il le conduisit lui-même à Douai, après l'avoir placé avec le chevalier de Luxembourg dans le fond du carrosse, tandis qu'il était seul sur le devant. Ces honneurs étaient d'autant plus remarquables de la part du prince Eugène que, dans le cours de cette guerre, il traita généralement les prisonniers avec hauteur et dureté.

Pendant le siège, on fit entrevoir au maréchal la possibilité de tuer le prince Eugène ; il répondit à son interlocuteur :

« Votre fortune est faite, si vous pouvez le faire
« prisonnier ; mais vous serez sévèrement puni si
« vous attentez à ses jours ; si même j'étais convaincu
« que vous eussiez cette pensée, dès maintenant

« je vous ferais enfermer pour le reste de votre
« vie. »

Le maréchal adressa au roi pendant le siège[1] un
grand nombre de lettres pour le tenir au courant des
opérations[2]. La lettre qu'il lui envoya, à la date du
23 octobre, lorsqu'il eut capitulé pour la ville et se
fut retiré dans le château, commence ainsi :

« C'est avec bien de la douleur, Sire, que j'ai été
« obligé de faire battre hier la chamade sur les
« quatre heures de l'après-midi, pour capituler
« pour la ville . . . . . . »

Le maréchal après avoir rendu compte des opérations, ajoute : « J'ai encore, Sire, une très humble
« et très instante grâce à demander à votre Majesté,
« et à laquelle je ne serai pas moins sensible, c'est
« d'avoir la bonté de donner des ordres pour que
« les sommes considérables que j'ai été obligé
« d'emprunter pour la subsistance de la g rnison,
« le paiement des travaux et l'achat des choses
« nécessaires à la défense, soient au plus tôt ponc-
« tuellement payées . . . . . . J'ai donné ma parole
« et m'en suis rendu garant en mon propre et privé
« nom . . . . . . »

Lorsque le maréchal revint à Paris, sa femme

---

[1] Je possède dans ma collection une monnaie obsidionale de
Lille, portant à l'avers les armoiries du maréchal de Boufflers, et
au revers l'inscription suivante :
« XX. S. Pro defensione urbis et patriæ, 1708. »
[2] Ministère de la guerre : archives historiques.

vint au devant de lui le matin, à quelques lieues; ils allèrent dîner à huis-clos, sans qu'on sut son arrivée; et de là se rendirent secrètement à la nuit à leur appartement de Versailles.

Le roi, lorsqu'il le reçut le lendemain, l'embrassa tendrement, le combla d'éloges, et lui dit de demander toutes les faveurs qu'il lui plairait. Le maréchal ayant eu la modestie de refuser, le roi lui donna la dignité de Pair de France [1] dont le titre fut uni au duché de Boufflers [2], et les entrées des premiers gentilshommes de la Chambre, et à son fils la survivance du gouvernement de la Flandre et de Lille. Ces trois grâces étaient bien méritées.

Louis XIV ne manquait ni de constance, ni de courage dans ses disgrâces; à soixante-dix ans il forma le projet de commander ses armées en personne et de reprendre Lille : le plan de cette campagne se concertait entre le roi, Chamillard, ministre de la guerre, les maréchaux de Boufflers et de Villars; seulement on ne voulait le déclarer à Madame de Maintenon qu'au moment du départ pour la dissuader du voyage. Le roi renvoya donc le maréchal de Boufflers en Flandre, sous le prétexte de donner divers ordres, mais en réalité pour préparer le siège.

---

[1] Lettres données à Versailles, le 1er décembre 1708, enregistrées le 19 mars 1709.

[2] A partir de cet époque, le nom de Boufflers fut substitué à celui de Caigny dans les actes publics, selon l'usage suivi pour les pairies.

Arrivé à Douai (1709) le maréchal rassembla son armée, et songeait à délivrer Gand, lorsqu'il apprit que cette ville avait capitulé. Alors, sur les ordres du roi qui avait changé d'avis à l'instigation de Madame de Maintenon, (celle-ci ayant su le projet, le fit avorter et en garda rancune à Chamillard), il cessa ses préparatifs et renvoya ses officiers ; il fit ensuite la visite de son gouvernement. Mais, par suite des fatigues du siège de Lille, il tomba dangereusement malade et fut obligé de revenir à la Cour, dans l'impuissance de servir.

Le maréchal pria le duc de Saint-Simon, son ami intime[1], de dresser ses lettres d'érection de duc et pair, et d'être un de ses témoins le jour de sa réception au Parlement. L'enregistrement des lettres et la réception eurent lieu le même jour ; il y eut grande foule au Parlement et aussi dans la rue où le peuple criait et applaudissait.

---

[1] Le duc de Saint-Simon possédait dans son hôtel de la rue Saint-Dominique à Paris, le portrait du maréchal de Boufflers. A la suite de quelques dégouts essuyés à Versailles, Saint-Simon se croyant mal vu du roi, fut pris d'une soudaine et violente velléité de quitter la Cour et d'aller vivre dans ses terres ; mais ses amis, les Beauvilliers, les Chevreuse, les Pontchartrain, les Boufflers s'unirent à Madame de Saint-Simon pour obtenir qu'il renonçât à ce dessein.

Après le serment de M. de Boufflers, M. de Saint-Simon rendit justice au rare désintéressement du maréchal, qui n'avait recherché aucune des dignités et charges que sa vertu lui avait apportées; à sa conduite dans les commandements, les emplois de cour et les négociations; à sa probité, son attachement au roi, son amour pour l'État.

Le maréchal répondit ainsi au discours du premier président :

« Monsieur, je n'ai pas de termes assez forts pour « exprimer la vive et sensible reconnaissance de « l'honneur que la Cour me fait. Je voudrais être « digne des grâces que le roi vient de répandre sur « moi, des éloges que vous me donnez, et des « marques de bonté que la Cour me donne en cette « occasion. Si quelque chose pouvait me les faire « mériter, ce ne pourrait être que mon extrême zèle « et dévouement pour le service du roi et de l'État, « et la parfaite vénération que j'ai pour cette « auguste compagnie, et en particulier pour votre « personne. »

Il adressa la parole aux guerriers qui avaient assisté à sa réception et leur dit :

« Messieurs, tous les honneurs qu'on me fait ici, « et toutes les grâces que je reçois du roi, c'est à « vous que je crois les devoir; c'est votre valeur, « c'est votre mérite qui me les ont attirés. Je ne « dois me louer que d'avoir été à la tête de tant de

« braves gens, qui ont fait valoir mes bonnes
« intentions. »

Le maréchal ne put donner le repas habituel à
cause de sa santé.

Madame de Maintenon n'aimait pas Chamillard ;
le maréchal de son côté le trouvait incapable et
avait à se plaindre de lui : il était la cause de tout
ce qui lui avait manqué à Lille, il avait tu plusieurs
de ses blessures que le roi avait apprises plus tard
avec surprise. Aussi, encouragé par Madame de
Maintenon, il se plaignait amèrement et publiquement
du ministre. Un jour Madame de Maintenon lui
demanda par qui on pourrait le remplacer. « Par
M. Fagon »[1] dit le maréchal. Madame de Maintenon
lui ayant répondu que l'affaire était trop sérieuse
pour en faire une plaisanterie, le maréchal répliqua :
« M. Fagon est un excellent médecin, M. Chamillard
un excellent avocat; ils ne sont hommes de guerre
ni l'un ni l'autre. Seulement, M. Chamillard qui n'a
pas d'esprit, fait un mal énorme à l'État, tandis que
M. Fagon qui est homme d'esprit et de sens, fera
des fautes au commencement par manque d'expé-
rience, mais par la suite il rendra de réels services. »

Ce bizarre, mais fin parallèle fut rapporté au roi,
et fit beaucoup de mal à Chamillard. Du reste, s'il
faut en croire Saint-Simon, le maréchal l'attaquait
sans cesse auprès du roi; il pressa même vivement

[1] Premier médecin du roi.

le maréchal de Tessé de raconter à Madame de Maintenon, puis au roi, le propos du nonce Cusani, concernant la femme de Chamillard, qui aurait reçu mille pistoles pour obtenir certains services politiques de son mari. Pourtant Chamillard, sans que le maréchal le sût, avait contribué à obtenir la survivance des gouvernements de Flandre et de Lille pour son fils. Chamillard, dont le rôle est encore fort discuté actuellement, tomba en disgrâce et fut remplacé par Voysin.

A quelque temps de là, dans un conseil de guerre tenu par le roi, le maréchal de Boufflers, en sa qualité de capitaine des gardes du corps, se plaignit aussi de Desmarest, contrôleur général des Finances, qui ne payait pas les gardes, tout en affirmant le contraire au roi, et prouva ses dires pièces en mains : Desmarest dut reconnaître le fait.

Enfin, toujours profondément dévoué à l'Etat, il alla de concert avec son beau-père le duc de Gramont, offrir au roi sa vaisselle d'argent qui était magnifique, pour servir à payer d'autant les dettes publiques ; ils furent fort remerciés. Le roi fit convertir en espèces sa propre vaisselle et celle qu'on lui offrit, mais il n'en retira que trois millions.

Le maréchal jouissait alors d'une grande faveur près du roi, et avait une très grande autorité dans les affaires de la guerre : Voysin devait même tout lui communiquer. Instruit qu'on allait rappeler les troupes d'Espagne, il en parla au roi, alla trouver

Madame de Maintenon, et combattit cette résolution de toute sa force ; mais il se mit en froid à cette occasion avec le duc de Chevreuse et M. de Beauvilliers.

Dans la nuit du 5 au 6 janvier 1709 commença le terrible hiver qui désespéra la France. Le froid se maintint pendant plusieurs jours à 24 degrés au-dessous de zéro ; la Méditerranée et la Manche gelèrent en plusieurs endroits ; les cloches cassaient en sonnant ; la gelée fit périr les oliviers, les vignes, beaucoup d'arbres fruitiers, une grande partie des blés ; les gens de la maison du roi mendièrent, Madame de Maintenon mangea du pain bis ; la famine désola le royaume et causa des révoltes ; des placards outrageants pour le roi furent affichés, on y menaçait sa vie en rappelant les souvenirs de Ravaillac et de Brutus ; une certaine inquiétude gagna l'entourage du roi. Le maréchal de Boufflers, aussi bon citoyen que vaillant soldat, se rendant un jour avec le duc de Gramont, chez Bérenger, son notaire, apaisa avec l'éloquence du cœur, deux émeutes survenues à Paris, l'une rue Saint-Denis et l'autre faubourg Saint-Antoine, à cause de la disette du pain. Il alla à Versailles rendre compte au au roi de ce qu'il avait vu et fait ; le roi lui offrit le commandement de Paris qu'il refusa. Il fit rendre au gouverneur les fonctions qu'il avait ; mais le gouverneur, le lieutenant de police et le prévôt des marchands furent soumis à ses ordres.

La considération du maréchal, rehaussée encore par sa modestie, était à son comble : il était maître dans Paris, modérateur des affaires de la guerre, influant sur toutes les affaires à la Cour [1].

Cependant la guerre continuait, et les revers accablaient la France ; le découragement augmentait avec la misère ; Louis XIV demanda la paix sans pouvoir l'obtenir. Aussi put-il s'écrier avec douleur en plein conseil « je ne puis faire ni la paix, ni la guerre. » Sur ces entrefaites Marlborough prit Tournai, et le prince Eugène s'unit à lui pour enlever Mons. Le maréchal de Villars, chargé de commander les forces françaises, trouva les troupes dans un état déplorable : sans habits, sans armes, sans pain ; il fut une fois obligé, pour donner du pain aux brigades qu'il faisait marcher, de faire jeûner celles qui restaient [2].

Au commencement de septembre, le roi lui envoya un secours d'une importance capitale dans la personne du duc de Boufflers, qui avait demandé à

[1] Mémoires de Saint-Simon. — Correspondance de Madame. duchesse d'Orléans, née princesse Palatine.
[2] Lettre de Villars au ministre.

servir sous lui en qualité de volontaire, pour le remplacer s'il lui arrivait quelque malheur, quoique plus ancien maréchal que lui de dix ans, et malgré la goutte dont il souffrait ; de plus le maréchal de Boufflers était sujet à des épuisements de tête et des douleurs de poitrine qui le torturaient pendant quatre ou cinq heures, et le contraignaient de s'abstenir de tout travail d'écriture et de toute tension d'esprit[1]. Pour bien comprendre la grandeur de ce trait, digne des Romains les plus illustres, il faut se rappeler que le maréchal de Boufflers, au comble des honneurs et de la gloire, très bien vu du Dauphin et du duc de Bourgogne, n'avait qu'à demeurer en repos et à soigner sa santé délabrée, tandis qu'il allait compter avec un homme jaloux, sans principes, disposé à faire siens tous les succès et à jeter ses fautes à la tête des autres. M. de Boufflers vit tout cela, mais tout disparut devant lui à la lueur du bien de l'Etat[2].

Il se rendit donc à Arras, et écrivit à Villars :

« Je vous supplie de me faire savoir si vous « approuvez que j'aie l'honneur de me rendre « demain près de vous. Vous satisferez mon impa- « tience d'avoir le bonheur de vous embrasser, et de « recevoir moi-même vos ordres. Je puis vous « assurer qu'aucun de vos aides de camp ne les

---

[1] Lettre du maréchal de Boufflers au roi, du 21 septembre.
[2] Mémoires de Saint-Simon.

« exécutera avec plus d'empressement, ni de plaisir
« que moi. Ne regardez pas cela, je vous prie,
« comme un compliment ni une manière de parler,
« mais comme une vérité constante » [1].

Villars lui offrit le commandement comme à son
ancien, ce qu'il rejeta avec une espèce d'indignation.
Villars écrivit au roi pour lui annoncer l'arrivée de
M. de Boufflers et leur parfait accord [2]. Le roi lui
répondit :

« J'ai vu avec plaisir ce que vous me marquez
« sur l'arrivée du maréchal de Boufflers. Il m'a
« mandé lui-même les manières gracieuses et
« pleines d'amitié avec lesquelles vous l'avez pré-
« venu ; je vous en sais bon gré » [3].

Madame de Maintenon, répondant à l'éloge que
Villars faisait de M. de Boufflers, lui écrivit :
« Rien n'est si beau que ce que fait le maréchal de
« Boufflers ; mais on ne peut en être touché au point
« que vous l'êtes que par être capable d'une pareille
« conduite, si vous vous trouviez en cas pareil » [4].

Les soldats, pleins de confiance dans les deux
illustres chefs qu'ils voyaient en si bonne intelli-
gence, ne demandaient qu'à combattre.

---

[1] Lettre du 3 septembre.

[2] Lettre au roi du 4 septembre

[3] Lettre du roi du 6 septembre.

[4] Lettre du 7 septembre. — Saint-Simon insinue que le maréchal de Villars n'était peut-être pas très satisfait de l'arrivée du
maréchal de Boufflers.

Le 9 septembre, l'armée française se mit en
bataille, à dix heures du matin, près de Malplaquet ;
la canonnade dura de onze heures du matin jusqu'à
la nuit. La nuit du 10 au 11, toutes les troupes
couchèrent en bataille, les maréchaux de Villars et
de Boufflers à la tête de la ligne. Le mot d'ordre
donné par Villars, en l'honneur du maréchal de
Boufflers et de sa glorieuse défense de Lille, fut :
« Louis-François et Lille ». Le 11, le maréchal de
Villars voyant que l'ennemi allait l'attaquer, pria le
maréchal de Boufflers de commander la droite, et
se réserva la gauche. Les ennemis ayant attaqué
la gauche, Villars ébranla sa ligne et les renversa
par la charge la plus rude et la plus sanglante ;
malheureusement, au moment où il se disposait à
à courir au centre, il eut le genou cassé d'un coup
de fusil et on dut l'emporter sans connaissance au
Quesnoy. La droite soutint avec la plus grande
fermeté quatre attaques : l'infanterie des ennemis
fut défaite, et cinq de leurs lieutenants-généraux
tués à leur tête ; après un massacre qu'il nommèrent
eux-mêmes une boucherie, il durent se retirer.
Ainsi, à midi, la droite et la gauche étaient dans la
plus heureuse position ; il n'en fut pas de même au
centre qui fut enfoncé. Le maréchal de Boufflers y
accourut, et à la tête de la gendarmerie et de
la Maison du roi, il renversa par des charges
incroyables et avec une témérité inouie la cavalerie
ennemie. Si, dans ce moment, l'officier général qui

commandait à droite eût osé prendre sur lui de
prendre en flanc le corps de bataille des ennemis
qui ouvraient notre centre, la bataille était gagnée.
Les alliés y perdirent 20.000 hommes, et les Français seulement 8.000 tués ou blessés [1].

Après la bataille, les ennemis n'osèrent poursuivre le maréchal de Boufflers qui dirigea la
retraite, se tint constamment à l'arrière, et sauva
l'armée, ses drapeaux et toute l'artillerie; il rapporta
trente drapeaux ennemis et ne perdit que trente
hommes faits prisonniers. A ce propos Madame de
Maintenon écrit : « Point de régiment à la tête
« duquel il n'ait donné; il allait à la charge avec
« la férocité d'un lion, et donnait ses ordres
« avec le sang-froid d'un philosophe en robe de
« chambre. »

Villars adressa au roi la lettre suivante [2] :

« Sire, les ennemis ont attaqué ce matin, à sept
« heures, l'armée de votre Majesté. Ayant trouvé
« qu'il était juste de laisser M. le maréchal de
« Boufflers à la droite, où était la Maison de votre
« Majesté, je me suis porté à la gauche où j'ai été
« blessé quelques heures avant la fin de la bataille;
« j'y serais resté jusqu'au dernier moment si je n'étais
« pas tombé plusieurs fois en faiblesse. Les officiers
« généraux et particuliers et toutes les troupes de

[1] Mémoires de Villars.
[2] Ministère de la guerre : Archives historiques.

« Votre Majesté ont fait des merveilles, et quoique
« son armée se soit retirée, elle sera informée qu'elle
« a une fois moins perdu que celle des ennemis.
« Je ne puis avoir l'honneur d'en dire davantage à
« Votre Majesté ; M. le maréchal de Boufflers, que
« la très sage précaution de Votre Majesté a envoyé
« ici, aura celui de lui rendre compte en détail de
« la journée d'aujourd'hui ; j'ai une extrême dou-
« leur de ne m'être pas trouvé en état de la finir
« pour rendre à Votre Majesté des services propor-
« tionnés à mon zèle et à mon ardeur pour la gloire
« de ses armes. J'ai l'honneur d'être, avec un très
« profond respect et la parfaite vénération que je
« dois, sire, de Votre Majesté, le très humble, très
« obéissant et très fidèle serviteur et sujet. —
« VILLARS. »

On remarquera que le maréchal de Villars ne
pense qu'à soi, et ne parle que pour mémoire du
maréchal de Boufflers, passant sous silence son rôle
glorieux dans l'affaire.

Le maréchal de Boufflers de son côté envoya au
roi deux lettres dans lesquelles, avec sa modestie
accoutumée, il fit un grand éloge de Villars. Voici
la première de ces lettres [1].

« Au Quesnoy, le 11 septembre 1709, à 10 heures
« du soir.

« Sire, le maréchal de Villars a été aujourd'hui

---

[1] Ministère de la guerre : Archives historiques.

« considérablement blessé, les chirurgiens assurent
« néanmoins que c'est sans danger; je suis bien
« affligé, sire, que ce malheur m'engage à vous
« annoncer la perte d'une nouvelle bataille; mais
« je puis assurer à Votre Majesté que jamais malheur
« n'a été accompagné de plus de gloire, toutes les
« troupes de Votre Majesté s'y en étant acquises
« une des plus grandes par leur valeur distinguée,
« par leur fermeté et par leur opiniâtreté, n'ayant
« enfin cédé qu'à un nombre fort supérieur, et y
« ayant toutes fait des merveilles.

« Toutes les dispositions de M. le maréchal
« de Villars étaient parfaitement bonnes et les
« meilleures qu'un général très capable et très
« expérimenté pouvait prendre; il s'est comporté
« dans l'action avec toute l'activité et la valeur
« imaginables, et il a donné tous les bons ordres
« possibles, outre le bon exemple; mais c'est cette
« même valeur et le peu de ménagement pour sa
« personne qui lui a attiré la blessure qu'il a reçue;
« ce qui a été très préjudiciable au succès de cette
« malheureuse journée.

« Il m'avait fait l'honneur de me charger de la
« droite, et il avait pris le soin de la gauche. On a
« repoussé les ennemis plus de trois à quatre fois
« à l'une et à l'autre avec une valeur infinie de la
« part des troupes; mais notre centre s'étant trouvé
« dégarni d'infanterie par la nécessité d'en porter à
« la gauche qui en a eu un besoin pressant, les

« ennemis se sont portés avec de si grandes forces
« de cavalerie et d'infanterie audit centre qui n'avait
« plus que de la cavalerie à leur opposer, qu'il a
« fallu céder au nombre infiniment supérieur et aux
« prodigieux efforts des ennemis, après néanmoins
« avoir fait au moins six charges de cavalerie des
« plus valeureuses et des plus vigoureuses qui aient
« jamais été faites, ayant à chaque charge percé et
« culbuté deux et trois lignes des ennemis qui
« auraient été entièrement battus sans leur infan-
« terie, à la faveur de laquelle elles se sont ralliées
« et sont ensuite revenues sur notre cavalerie,
« fortifiées par de nouvelles cavaleries.

« Je puis assurer à votre Majesté que les ennemis
« ont perdu trois fois plus de monde que nous, et
« qu'ils ne peuvent tirer avantage de cette malheu-
« reuse action que du gain du champ de bataille ; et
« je crois pouvoir encore assurer à votre Majesté
« que ce malheureux succès ne lui coûtera pas un
« pouce de terrain de plus quand elle jugera à
« propos de faire la paix.

«   .   .   .   .

«   .   .   .   .

« Je ne puis présentement faire aucun détail à Votre
« Majesté de cette action ; je tâcherai de lui en
« envoyer demain ou après-demain une relation.

Le maréchal signale ensuite comme s'étant particulièrement distingués : M. d'Artaignan, le duc de

Guiche, M. de Gassion, le prince de Rohan, le vidame d'Amiens, etc., et ajoute :

« Le roi d'Angleterre s'est porté partout avec « toute la vivacité et la valeur possibles.

« Jamais retraite, après un combat aussi long, « aussi sanglant et aussi opiniâtre, ne s'est faite « avec plus d'ordre et plus de fermeté, je ne crois « pas que les ennemis nous aient fait 20 prisonniers.

« Je ne crois pas non plus que nous ayons perdu « aucuns étendards ni drapeaux, ou du moins que « très peu, et on m'a dit que nous en avions « plusieurs des ennemis. . . . .

« . . . .

« . . . .

« Je souhaite fort que Votre Majesté soit satisfaite « de mon zèle et de mes bonnes intentions; j'ai « essayé de faire de mon mieux pour que les effets « en fussent plus heureux.

« Le Maréchal, Duc de Boufflers. »

Dans une seconde lettre adressée par le maréchal de Boufflers au roi, datée du Quesnoy, 11 heures du soir[1], le maréchal ajoute :

« Qu'il a cru par trois ou quatre fois la bataille « entièrement gagnée pour nous. » Il envoie au roi l'état des officiers généraux et autres tués ou blessés.

---

[1] Ministère de la guerre ; Archives historiques.

On voit dans ces lettres le magnifique éloge fait de Villars par le maréchal de Boufflers, et le silence trop modeste gardé par lui sur sa conduite admirable pendant la bataille et la retraite.

Ces lettres firent un tort extrême au maréchal de Boufflers, car ses envieux ne manquèrent pas de diminuer son rôle glorieux au profit de Villars qui, de son côté, employa tous les procédés secrets qui pouvaient lui servir. Aussi les récompenses furent-elles accordées aux officiers qui s'étaient distingués, sans même consulter le maréchal de Boufflers; marque de mépris qu'aucun général n'avait encore éprouvée.

Ces lettres, les procédés de Villars et de Voysin, l'envie et la jalousie qui s'attaquent toujours au mérite et à la vertu, furent les causes de la perte du duc de Boufflers. Lorsqu'il revint à la Cour, le roi lui fit un accueil indifférent et froid; Madame de Maintenon, le Dauphin et le duc de Bourgogne essayèrent en vain de le consoler. Déjà aigri, il devint furieux (1710) en apprenant comment étaient conçues les lettres d'érection du duché-pairie de Villars, où il était dit que la bataille eût été gagnée si Villars n'eût pas été blessé. Il cria publiquement contre lui, menaça d'aller se plaindre au roi, et d'attaquer les lettres en plein Parlement. Villars, effrayé du tapage, les lui envoya : M. de Boufflers y biffa tout ce qu'il voulut, mais il garda toujours contre Villars une haine violente.

Saint-Simon, à ces causes de disgrâce, en ajoute une autre : il prétend que le duc de Boufflers, voyant les maréchaux de Villars et d'Harcourt devenus pairs comme lui, quoiqu'ils eussent incontestablement rendu moins de services, aurait désiré l'épée de connétable ; qu'il l'aurait demandée par insinuation, mais sans succès, au roi et à Madame de Maintenon, et à une époque qu'il ne peut préciser ; que ce refus fut pour lui un ver rongeur qui causa sa mort. Nous ignorons si cette assertion repose sur quelque fondement, malgré l'obscurité dont Saint-Simon l'environne ; pour nous, la disgrâce du maréchal de Boufflers, succédant à la plus haute faveur sans aucun motif, est un exemple du peu de cas que les rois et les ministres tiennent quelquefois de la vertu et des services.

Il arriva en 1711 un cruel malheur au maréchal de Boufflers. Son fils aîné, qui avait quatorze ans, était joli, bien fait, plein de promesses pour l'avenir, et avait réussi à merveille à la Cour, lorsque son père l'avait présenté au roi, pour le remercier de la survivance du gouvernement général de la Flandre et particulier de Lille qu'il lui avait donné. Il était pensionnaire au collège des Jésuites[1]. On ne sait quelle escapade de jeunesse il y fit avec les deux fils du lieutenant de police d'Argenson; les Jésuites, voulant montrer qu'ils ne craignaient et ne considéraient personne, fouettèrent le jeune de Boufflers, mais se gardèrent bien d'en faire autant aux deux autres, parce qu'ils avaient à compter tous les jours avec le lieutenant de police. Le jeune de Boufflers, plein de courage et qui n'en avait pas plus fait que ses deux camarades, fut saisi d'un tel désespoir qu'il en tomba malade le jour même; on le porta chez le maréchal où il fut impossible de le sauver : son cœur était saisi, le sang gâté, le pourpre parut, en quatre jours ce fut fini. On peut juger de l'état du père et de la mère. Le roi, touché, envoya témoigner de la part qu'il prenait à leur perte, et leur manda qu'il donnait la même survivance au cadet qui leur restait. Le cri universel fut prodigieux contre les Jésuites[2].

[1] Louis le Grand, le meilleur de leurs établissements de France.

Les Jésuites partageaient avec les Oratoriens le monopole de l'instruction secondaire. L'éducation que les Jésuites donnaient à cette époque, était facile, peu austère, purement littéraire : ils s'occupaient peu de philosophie, encore moins de science et d'histoire. Leur clientèle ordinaire se composait des enfants de la noblesse, dont la carrière était à peu près faite d'avance. Ils laissèrent à l'Oratoire le soin de créer des spécialités ; les Oratoriens étaient raides, sévères, jansénistes.

[2] Mémoires de Saint-Simon.

La déplorable méthode des châtiments corporels était alors en vigueur à la cour comme dans la plus humble école, et fut appliquée à Turenne. — Vie de Turenne, par Jules Roy.

Le 14 avril de cette même année le Dauphin mourut ; le maréchal, pour qui il avait de l'amitié, le regretta ; le nouveau Dauphin (le duc de Bourgogne) qui savait mieux connaître et goûter la vertu, témoigna au maréchal encore plus d'affection. Il était considéré de la Dauphine, au mieux avec Madame de Maintenon, et le duc de Saint-Simon l'avait rapproché des ducs de Chevreuse et de Beauvilliers ; seul, le roi lui témoignait de la froideur, pourtant le maréchal lui était toujours dévoué. Le 28 juin, il écrivait de Marly au cardinal de Noailles pour lui envoyer une lettre de Madame de Maintenon, et l'engager à venir le lendemain à Marly. « Je sais, ajoutait-il, que cela fera plaisir « au roi et à Madame de Maintenon ».

Le maréchal, qui s'était retiré à Fontainebleau [1], y tomba malade au retour d'un voyage à Paris. « Peu de jours avant la mort du maréchal de « Boufflers, dit M. de Luynes [2], M. de Cotte [3] le « trouva sortant de chez le roi, et ayant l'air fort « triste ; il lui demanda s'il n'avait rien à dire à « M. le duc d'Antin, M. de Boufflers lui dit : « Je « ne sais aucune nouvelle ; il y a trois jours que le

[1] Le maréchal de Boufflers fut probablement le dernier grand seigneur français qui eut dans sa maison un nain en titre d'office.

[2] Mémoires sur la Cour de Louis XV.

[3] Robert de Cotte (1657-1735) architecte et beau-frère de Mansart, le remplaça en 1708, comme premier architecte du roi.

« roi ne m'a parlé ». Il tomba malade le lende-
« main ».

Un empirique le mit presque hors de danger, en
lui donnant un remède qui le fit beaucoup suer, et
défendit tout purgatif. Le lendemain matin, la
Faculté étonnée de ce mieux, lui donna une
médecine, qui le tua avec tous les symptômes d'un
empoisonnement ; ce qui ne fit pas grand honneur
aux médecins [1].

Il mourut le 22 août 1711 regretté, et ses
louanges retentissaient dans toutes les bouches. Le
roi en parla peu, mais bien. Madame de Maintenon
écrit à ce sujet : « Chacun se vante d'être affligé de
« la mort du maréchal de Boufflers ; on lui donne
« mille louanges : Que l'on est faux dans ce pays,
« même en disant la vérité ! en lui le cœur est mort
« le dernier. »

On dut emporter la maréchale de Boufflers chez
la duchesse de Guiche, où le Dauphin et la Dauphine
allèrent la voir. Elle voulut se rendre aussitôt après
à Paris, et ne prétendit laisser rien demander pour
elle, rejetant même les offres avec indignation.
Néanmoins, comme les affaires du maréchal et de
sa femme étaient fort embarrassées, quelques jours
après on la força d'accepter du roi une pension de
12,000 livres.

---

[1] Mémoires de Saint-Simon.

Ainsi les derniers jours du maréchal furent
sombres : il souffrait de la goutte, de blessures et
d'infirmités contractées pendant un service militaire
de près de cinquante années; il avait perdu son
deuxième fils le comte de Ponches, et venait de
perdre dans de tristes circonstances son fils aîné le
comte de Boufflers; il avait compromis sa fortune
par les emprunts qu'il avait contractés à l'occasion
du siège de Lille; il était attristé par sa disgrâce;
enfin il déplorait les malheurs et la misère de la
Patrie.

Toutefois il avait une consolation puissante dans
l'amour de la maréchale de Boufflers et des six
enfants qui lui restaient, dans le souvenir d'une
vie glorieuse toute d'honneur et de probité, enfin
dans l'estime et la vénération publiques.

Le maréchal fut inhumé le 26 août 1711 dans
l'église Saint-Paul de Paris[1]. Le monument élevé à
sa mémoire a disparu. Son cœur fut rapporté à
Boufflers (Caigny) avec celui de ses deux fils, le
26 octobre 1711, par Nicolas Gouriot aumônier
du maréchal, et déposé dans le caveau de la maison
de Boufflers, qui se trouve à droite du chœur de
l'église actuelle. Des plaques de marbre rouge en

---

[1] Cette église, bâtie par les jésuites, mais dont Louis XIII
et Richelieu firent les frais, renfermait le cœur de ce roi, celui
de Louis XIV, et le corps du grand Condé.

décorent l'entrée, et on y lit sur une table de marbre noir l'inscription suivante :

IMMORTALI   MEMORIÆ

Celsissimi potentiss. que D. D. Ludovici Francisci Ducis de BOUFFLERS

Paris et mareschalli Franciæ

Equitis trium regiorum ordinum et velleris aurei, prætorianorum

Equitum prœfecti,

Flandriæ et Haimoniæ proregis civitatis et arcis Insulanæ guber-
natoris, regiorum exercituum imperatoris.

Cujus hic inter armorum trophoea cor quiescit

Bellicis laboribus per annos L. continuos confectum, necdum defessum.

Rebus audacter, prudenter, strenue et expedite gestis illustre

Morum probitate nulli secundum, amore patriæ unicum.

Obiit anno rep. sal. M D CC XI. æt. LXVII die aug. XXII.

Ad patrem apposita sunt corda filiorum duorum

Antonii Car. Lud. Comitis de Boufflers et Ludovici Fr. Gumberti
de Boufflers Comitis de Ponches.

Primus quatuor decennis obiit XXII mart. M D CC XI. Flandriæ
et Hann. prorex jam tum renunciatus.

Alter sexcennis XXIV dec. M D CC VI.

Benefac. domine bonis et rectis corde.   Ps. C XX IV.

1715.

L'oraison funèbre du maréchal de Boufflers fut prononcée à Paris, dans l'église des Minimes de la place Royale, le 17 décembre 1711, par le père de la Rue, de la compagnie de Jésus [1].

---

[1] Ch. de la Rue, jésuite (1643-1725), orateur et poète, prêcha avec succès dans les provinces, à Paris et devant la Cour. Thomas regarde cet éloge funèbre comme son chef-d'œuvre.

Après avoir fait au maréchal l'application du texte suivant : « *Et iste quidem vitâ discessit, non solùm* « *juvenibus, sed et universæ genti, exemplum* « *virtutis et fortitudinis derelinquens* [1] », l'orateur, dans son exorde, le montre sur le théâtre du grand monde, au milieu des précipices et des écueils de la Cour, au bruit et au feu de la guerre, assez maître de ses passions pour les avoir assujetties à tous les devoirs de la vertu; n'ignorant pas la vanité des honneurs répandus sur sa tête; modeste, manifestant son dégoût pour les louanges; fidèle à remplir ses importants devoirs pendant sa vie.

« Trois motifs ont porté le maréchal de Boufflers « à rendre ce qu'il devait : 1° à sa naissance; « 2° à sa patrie et à son roi; 3° à sa conscience. A sa « naissance, par sa rare valeur; à son roi par son zèle « infatigable pour sa personne et son État; à sa « conscience, par sa religion sincère et son exacte « probité. Valeur sans faste, zèle sans intérêt, « religion et probité sans feinte. Alliance rare et « précieuse des trois plus nobles qualités qui « puissent former un grand homme. »

I

L'orateur, parlant de l'antiquité de sa maison, montre ses ancêtres toujours plus appliqués à

---

[1] Éloge du généreux Éléazar, au livre II des Machabées, ch. 6.

cultiver les qualités du cœur qu'à rechercher les dons de la fortune; occupés à toujours tenir leur rang parmi les plus braves, et par de hautes alliances à conserver avec soin la splendeur et la pureté de leur sang. Il les voit à la conquête de Naples et du Milanais, à Mons-en-Puelle, Azincourt, Guinegatte, à Pavie et à Montcontour.

Passant ensuite aux jeunes années de Louis-François de Boufflers, il raconte les expéditions de Gigeri et de Lille, et s'écrie :

« Condé, Turenne, Luxembourg, Créquy, noms « immortels...... Vous n'envierez pas à Boufflers « l'honneur d'approcher de vous; il vous a suivis « de trop près dans la mêlée et au feu; il a trop « souvent arrosé vos plus beaux lauriers de son « sang, pour être privé de la part qu'il a eue à « vos couronnes. »

Puis il suit le maréchal à Altenheim, au pont du Rhinfeld, à Casal, Fontarabie, dans le Palatinat, à Cocheim, à Furnes et enfin à Steinkerque; et il ajoute : « N'en ôtons pas la gloire à Luxembourg; « avouons du moins que le bras et le génie de « Boufflers n'aidèrent pas peu à corriger la lenteur « de la victoire ».

Il constate qu'il ne s'est avancé dans les grades que par degrés; qu'il était aussi assidu au service qu'il l'était peu à la cour; qu'il n'avait point de temps pour ses plaisirs, ni pour solliciter la fortune.

« Voilà l'homme fidèle aux devoirs de sa naissance.

« Voyons s'il les remplit moins envers le prince et
« l'État. »

II

« Il n'est encore parvenu qu'au premier degré de
« la force et du courage vertueux qui consiste à
« faire de grandes choses; un second degré, c'est
« de soutenir constamment de grandes et pénibles
« épreuves; ce fut là, le reste de sa vie, l'objet de
« sa véritable ambition : *Agere et pati fortia*
« *Romanum est.* »

L'orateur, après avoir raconté le siège de Namur,
le combat d'Eckeren, le siège de Lille, et la bataille
de Malplaquet, poursuit ainsi :

« Heureux celui qui s'est montré si fidèle à sa
« naissance et à son roi, s'il a eu soin de se rendre
« aussi fidèle à sa conscience et à son Dieu. C'est
« par là, que des fatigues de la vie, il aura passé
« dans l'heureuse paix des élus. »

III

« Implorons pour lui toute l'indulgence de Dieu,
« mais demandons justice aux hommes. Y en a-t-il
« beaucoup dans la guerre, dans la Cour, dans
« le monde en général, dont les discours, les
« œuvres, les sentiments aient eu plus de marques
« visibles de religion, de probité, de vérité,
« d'humanité, de bonté.

« La religion éclaira toujours ses pas. Il n'y eut
« point dans sa vie d'intervalle d'obscurité qui lui
« pût faire regretter l'innocente candeur de ses
« premières années ; et si, par la jeunesse, on
« entend cet âge frivole où l'on court aveuglément
« à toutes les fontaines de plaisir, on peut dire
« qu'il n'y eut point pour lui de jeunesse, ni
« d'enfance..... On eût dit que le goût de la
« gloire lui avait ôté celui du plaisir.... . Il
« n'aimait ni le théâtre, ni le jeu..... Il s'opposait
« au torrent de la corruption par l'intégrité de sa vie.
« Indifférent pour les richesses, il ne sentit jamais
« ni d'ardeur pour les amasser, ni de peine à les
« répandre..... Il eût rougi de les faire servir au
« vice et à de honteuses passions ; il n'eût pas
« voulu les devoir à aucun de ces moyens que la
« licence de la guerre fournit............... »

« Ce ne sont pas les vassaux de ce fidèle seigneur,
« ses terres, ni ses champs, que j'appelle sans
« crainte au tribunal de Dieu. Il n'y porteront que
« des vœux pour son salut, en reconnaissance des
« secours que sa charité fournissait à leurs misères,
« surtout dans les derniers temps » [1].

« Vous mêmes, terres ennemies, pays désolés

---

[1] Il résulte d'un procès intervenu en 1754 entre Pierre et
Nicolas Langlet et Couverchel, fermiers sortants des domaines
de Bonnières et de Boufflers, et Jacques Trannoy, fermier entrant,
que les prix de location étaient de beaucoup inférieurs à la
véritable valeur, et que le fermier entrant offrit un prix beaucoup
plus considérable.

« depuis quarante ans par le fer et par le feu,
« champs où le sang de tant de morts a jeté de si
« hauts cris vers le ciel ; en avez-vous poussé
« quelqu'un contre l'inhumanité, l'avarice et la
« cruauté d'un cœur qui sentait toutes vos misères
« et prévenait vos sanglots par les siens. A-t-on vu
« étaler chez lui les dépouilles de vos provinces ? »

« Il était libéral et prodigue pour le service de
« Dieu et du roi..... son penchant vertueux,
« encore plus que naturel, à tendre ses mains
« secourables au mérite négligé, à se rendre
« caution des officiers oubliés, à excuser les fautes
« imprévues.............................. »

« Avec quel épanchement de tendresse et d'huma-
« nité voyait-on ce guerrier chrétien visiter après
« les combats, les officiers couverts de plaies, et
« répandre l'argent dans les mains des moindres
« soldats : c'est ce qu'il fit à Steinkerque, à Namur,
« à Lille. C'est encore ce qu'il fit dans les horreurs
« de la dernière famine : en partageant le pain, pour
« ainsi dire, de sa table avec les pauvres de la
« campagne, et se reconnaissant le père de ceux
« qui le reconnaissaient pour seigneur. »

L'orateur raconte ensuite l'émeute de Paris
apaisée par lui, et continue ainsi :

« Quelle eût donc été l'admiration publique, si
« l'on eût pu voir de plus près sa conduite dans sa
« famille ; le soin qu'il prenait d'en bannir le faste
« insolent, le luxe dissolu, la folle joie, la discorde,

« l'inimitié. Qui n'eût été touché d'y voir partout
« l'ordre et la paix, l'image du silence et de la dignité !

« La mort ne le surprit pas. Outre les réponses
« de mort qu'il entendait au-dedans de lui-même
« éclater depuis trois ans par de vives et fréquentes
« douleurs, il y avait longtemps qu'il ne tenait plus
« à la vie. Toujours prêt à l'exposer pour sa patrie
« et pour son roi, comment eût-il eu peine à la
« remettre entre les mains de son Dieu............
« Un cœur tel que le sien était incapable de feindre ;
« et dès que nous savons qu'il a déposé ses péchés
« dans le sein de votre Église et vous a demandé
« pardon, ô mon Dieu ! peut-on douter qu'il ne
« l'ait obtenu. »

Dans sa péroraison, l'orateur demande à Dieu de
conserver toujours parmi ses auditeurs l'exemple de
ses vertus. Qu'elles subsistent dans sa postérité
pendant les siècles à venir. Il termine par des regrets
de la mort de son fils aîné, et des souhaits pour son
plus jeune fils, unique espoir d'une nombreuse famille.

Un service solennel fut célébré dans la cathédrale
de Beauvais, aux frais de la ville ; et le 12 août 1712,
l'éloge funèbre du maréchal de Boufflers fut
prononcé dans l'église des Cordeliers de Beauvais,
pour l'anniversaire de sa mort, par le père Poisson,
cordelier [1].

---

[1] L'exemplaire de la bibliothèque d'Amiens contient deux
vignettes curieuses représentant : l'une, les armoiries complètes
du maréchal ; et l'autre, son portrait.

L'orateur, dans la première partie de son discours, rappela tous les services militaires du maréchal et toutes les dignités dont il avait été revêtu ; et dans la seconde partie, il énuméra ses vertus chrétiennes :

Son humanité à la guerre.

Sa modération ; son désintéressement et sa libéralité : En effet, il avait reçu le désintéressement comme bien héréditaire de ses ancêtres, et il n'a presque rien laissé à ses enfants ; quant à sa libéralité, il en appelle aux citoyens de Beauvais et à ses vassaux.

Sa modestie ; son équité ; sa douceur ; et son affabilité.

Sa droiture et sa candeur.

Sa fidélité dans ses amitiés, dans sa famille. Quelle vie paisible ! Quelle noble union !

Sa charité.

Sa foi : Lorsque Dieu rappela à lui son fils aîné, il dit avec résignation : « Dieu le veut ! »

Sa piété : Il adorait dans les camps, chaque jour, les Saints Mystères ; Il était ennemi des impies ; à la guerre, il éloignait du sanctuaire les profanations et l'incendie.

Le maréchal de Boufflers fut un grand homme de guerre, à une époque où il y en eut beaucoup. L'ordre, l'exactitude, la vigilance étaient ses qualités maîtresses. Il avait un très grand courage; sa valeur était naturelle, froide. Il voyait tout et donnait ordre à tout, même sous le plus grand feu, comme s'il eût été dans sa chambre. Sa puissance de travail de corps et d'esprit était au-dessus des forces ordinaires.

Ce fut aussi un grand caractère : Il montra une probité sans la plus légère tâche, une générosité parfaitement pure, une noblesse de sentiments de premier ordre, une vertu vraie et sincère. Il était désintéressé, sensible à l'estime, à l'amitié, à la confiance; discret et secret au dernier point; d'une rare modestie, mais qui ne l'empêchait pas de se faire pesamment sentir à qui lui manquait.

Personne n'aima mieux sa famille et ses amis, ne fut plus fidèle à ses devoirs.

Il était juste pour le mérite des autres, même à ses propres dépens; bon et adroit à excuser les fautes; hardi à remettre en selle les plus disgraciés. Sa bonté, sa politesse lui gagnaient tout le monde.

Il avait une passion extrême pour la patrie, pour son honneur et sa prospérité[1].

---

[1] Mémoires de Saint-Simon. — Mémoires de Villars.

Saint-Simon dit ailleurs que le maréchal était « un colosse de vertu » et « qu'il était pétri d'honneur et de valeur, de probité, de

Son portrait, peint par Couder, se trouve au musée de Versailles, salle des maréchaux ; malheureusement il a tellement noirci qu'on distingue avec difficulté les traits du maréchal. Il a été gravé par Norlinger, et est reproduit dans le grand ouvrage publié sous le titre : « Galeries historiques de Versailles ».

---

reconnaissance et d'attachement pour le roi, d'amour pour la patrie. »

Pourtant il lui échappe de nous dire qu' « il avait des lumières « peu étendues, et qu'il est surprenant qu'avec aussi peu d'esprit « et un esprit si courtisan il ait conservé une probité sans tâche. »

La mémoire du maréchal de Boufflers est restée chère aux habitants de Crillon. Madame la duchesse Pozzo di Borgo, née Valentine de Crillon, a fait restaurer l'inscription que nous avons rapportée, et placer au-dessus l'écu aux armes du maréchal[1]. Le village de Crillon, le chef-lieu du canton, Songeons, et les villes de Beauvais, Lille et Paris ont donné son nom à une de leurs rues principales.

[1] D'argent à trois molettes à six rais de gueules 2 et 1 accompagnées de neuf croix recroisettées de même posées 3. 3. 3. — Supports : deux léopards. — Cimier : une cigogne d'argent becquée de gueules. — Cri de guerre : Camberon.

Ce cri de guerre (ou devise) doit venir de Cambron, village situé en Ponthieu, où les seigneurs de Boufflers possédaient vraisemblablement des domaines.

CHAPITRE III

I. — Madame la maréchale de Boufflers fut
nommée dame d'honneur de la reine de France,
Marie Leczinska, le 19 mai 1725, et se retira le
14 octobre 1735. Elle fut remplacée par la duchesse
de Luynes. On trouve dans les mémoires du duc de
Luynes, quelques rares détails sur son rôle à la
Cour, et les logements qui lui étaient assignés.

En mai 1736, elle vint à Versailles et fut fort
bien reçue de Louis XV. La reine la reçut honnê-
tement, mais froidement. La reine dit un jour à
madame de Luynes (décembre 1736) « qu'il s'était
« glissé un abus dans sa maison; que ses dames
« d'honneur lui présentaient la serviette, sans
« continuer à la servir à table; que lorsqu'on avait
« commencé le service, on ne devait pas le discon-
« tinuer; que madame la maréchale de Boufflers ne
« croyait pas même avoir besoin d'une permission
« expresse de la reine pour ne pas continuer à
« avoir l'honneur de la servir. » La reine lui dit
encore (10 janvier 1737) : « que ç'avait été une
« fantaisie de madame la maréchale de Boufflers
« d'empêcher que tous ceux qui avaient les entrées
« de la chambre, entrassent depuis cinq heures
« du soir jusqu'à sept; que pour elle, elle était

7

« fort aise qu'on vint la voir pendant ces deux
« heures. »

Madame la maréchale de Boufflers mourut à
Paris, le 24 janvier 1739, des suites d'une maladie,
à l'âge de soixante-neuf ans.

Le maréchal de Boufflers avait eu, de son mariage,
huit enfants :

1° ANTOINE-CHARLES-LOUIS, comte de BOUFFLERS,
gouverneur général des provinces de Flandre et du
Hainaut, colonel d'un régiment d'infanterie, né en
1696, décédé à Paris le 22 mars 1711, ainsi que
nous l'avons vu, et inhumé à la paroisse St-Paul
de Paris.

2° LOUIS-FRANÇOIS GOMBERT, comte de PONCHES,
né en 1700, décédé à Paris le 24 décembre 1706,
inhumé en l'église des Capucins de la place des
Conquêtes, à Paris.

3° JOSEPH-MARIE, né le 22 mai 1706 et baptisé
le lendemain : il eût pour parrain Pierre La Grange,
et pour marraine Marie-Anne Caron, fille, tous deux
pauvres, qui signèrent au registre « M. le maréchal,
absent, gardant la personne du roi » [1]. Il fut d'abord

---

[1] Jal : Dictionnaire critique de biographie et d'histoire.

comte de Milly, comte de Boufflers à la mort de son frère, et DUC DE BOUFFLERS à la mort de son père. Nous parlerons spécialement de lui plus loin.

4° LOUISE-ANTOINETTE-CHARLOTTE, née le 1er octobre 1694, qui épousa le 19 septembre 1713, en l'église de Boufflers (Caigny), son cousin, Charles-François, MARQUIS DE BOUFFLERS-REMIENCOURT, brigadier des armées du roi, chevalier de Saint-Louis, colonel du régiment d'infanterie du Barrois, dont il sera question aussi plus loin.

5° ANTOINETTE-HIPPOLYTE, née en 1695, décédée en 1717, qui fut religieuse.

6° CHARLOTTE-JULIE, née le 10 juillet 1698, abbesse d'Avenay.

7° CATHERINE-BERTHE, née le 21 septembre 1702, qui épousa le prince de Petterano, DUC DE POPOLI, et fut dame d'honneur de la reine d'Espagne en 1717 ; ce mariage ne fut pas heureux. Elle mourut le 16 juillet 1738.

8° Et MARIE-JOSÉPHINE, née le 10 septembre 1704, qui épousa le 4 septembre 1720, François-Camille de Neufville-Villeroi, DUC d'ALINCOURT, mestre de camp ; fut dame du palais de la reine, et devint veuve le 26 décembre 1732 ; elle eut un fils, Gabriel-Louis de Neufville, marquis de Villeroi, né le 8 octobre 1731, seul héritier présomptif des titres de la maison de Villeroi ; elle mourut à Paris, le 17 novembre 1738.

II. — Joseph-Marie, deuxième Duc de Boufflers, pair de France, chevalier des ordres du roi, gouverneur et lieutenant-général des provinces de Flandre et de Hainaut, gouverneur particulier des ville et citadelle de Lille, et souverain bailli des ville et châtellenie dudit Lille, gouverneur, capitaine et grand-bailli héréditaire de la ville de Beauvais, lieutenant pour le roi du Beauvaisis[1], et lieutenant-général des armées du roi, épousa à l'église Saint-Paul, Madeleine-Angélique de Neufville-Villeroi, âgée de treize ans et onze mois, comme étant née le 27 Octobre 1707, du mariage de Louis-Nicolas de Neufville, duc de Villeroi, pair de France, et de défunte Marguerite Le Tellier, et eut deux enfants :

Une fille, Joséphine-Eulalie, qui mourut le 8 juillet 1742, à quatorze ans, d'une fluxion de poitrine.

Et un fils, Charles-Joseph, qui fut le troisième duc de Boufflers. Il naquit le 17 août 1731, et eut

---

[1] Le duc de Boufflers, gouverneur de Beauvais, fit son entrée en cette ville, avec la solennité accoutumée en 1717. Ses gages, comme gouverneur, s'élevaient à 1.200 livres par an. — Archives municipales, B B 57 - C C 114.

pour parrain Nicolas de Neufville, duc de Villeroi, son grand-père, et pour marraine sa grand-mère, la maréchale de Boufflers.

Le duc Joseph-Marie de Boufflers tenait grand état en son gouvernement de Flandre, et eut l'honneur en 1744 d'y donner au roi un splendide déjeuner sous une tente.

Il se distingua au service militaire ; colonel de Bourbonnais, il fut promu maréchal de camp le 15 mars 1740. Pendant la campagne de Bohême (décembre 1741) on fit grand cas de lui. En octobre 1742, il fut obligé de sortir de Prague avant la levée du siège, ayant pensé mourir de coliques néphrétiques causées par la gravelle, et fut emmené prisonnier à Munich, où son escorte le laissa ; il revint alors à Paris, et fut très bien reçu du roi ; sa santé était fort ébranlée. En 1743, il eut une part glorieuse à la bataille de Dettingen, et contribua à la prise de Menin et d'Ypres.

Il fut nommé, en février 1743, chevalier des Ordres du roi, et reçut le cordon le premier janvier 1744. M. et Mme de Boufflers furent enveloppés dans la prévention qui régnait contre M. de Belle-Isle au profit de M. de Broglie ; cependant M. de Boufflers parut au bal de la cour déguisé en avocat, et le roi lui donna les entrées en janvier 1745.

En 1744, il commanda le siège du fort de la Knoque, et le prit après seize heures de tranchée : Ce qui lui valut le grade de lieutenant-général. A la

bataille de Raucoux (Flandre : octobre 1746) il eut
un cheval tué sous lui de trois coups de feu, combattit à pied, et reçut plusieurs coups dans ses
habits et dans ses armes Il fut ensuite envoyé par
le roi au secours de la ville de Gênes assiégée par
les Impériaux et le roi de Sardaigne; battit le comte
de Schullembourg et délivra la ville (1747)

Malheureusement, il mourut dans cette ville le
2 juillet de la petite vérole. Les Génois, en reconnaissance de ses services, offrirent à son fils, pour
lui et sa postérité, le titre de noble Génois.

Ce fut une vraie perte pour le roi et pour l'État :
Il avait de l'esprit, du courage, de la capacité,
beaucoup de politesse, peut-être un peu de hauteur.

Son physique était agréable; il passait pour avoir
beaucoup plu à Marie Leczinska; on en avait informé
le roi. On dut prendre des précautions pour apprendre
sa mort à la reine. Cependant le duc de Luynes dit
que la haute piété de la reine la mettait au-dessus
des soupçons des méchantes langues.

La duchesse de Boufflers (Neufville-Villeroi)
succéda, comme dame du palais de la reine, à sa
belle-sœur, madame d'Alincourt, en 1740. Les
mémoires du duc de Luynes donnent quelques détails
sur les fonctions qu'elle remplissait près de la reine,
qui la traitait en confidente, malgré sa liaison avec
Madame de Chateauroux. En janvier 1743, le roi
lui donna une fort jolie tabatière. Elle était brouillée
avec Madame de Pompadour. En 1749, comme

elle était dans l'usage de donner tous les ans des étrennes à la reine, elle lui donna une pagode de porcelaine, avec un billet de dédicace en vers.

Elle jouit d'une grande célébrité due à sa beauté et à son esprit, et se remaria, en juin 1750, avec Charles-François de Montmorency-Luxembourg, duc de Luxembourg-Montmorency, pair et premier baron chrétien de France, chevalier des Ordres du roi, gouverneur de Normandie, maréchal de France.

CHARLES-JOSEPH, troisième et dernier DUC DE BOUFFLERS, pair de France, gouverneur et lieutenant-général des provinces de Flandre et du Hainaut, gouverneur particulier des ville et citadelle de Lille, et souverain bailli des ville et châtellenie dudit Lille, gouverneur, capitaine et grand-bailli héréditaire de la ville de Beauvais, lieutenant-général du Beauvaisis, brigadier des armées du roi, colonel du régiment de Navarre, et noble Génois, épousa à Gand, en avril 1747, à l'âge de seize ans, Marie-Anne Philippine Thérèse DE MONTMORENCY, fille de Louis-François, comte de Logni, prince de Montmorency, colonel d'un régiment d'infanterie, et de Marie-Anne-Thérèse Rim, baronne de Belem. Il était, dit M. de Luynes, poli, doux, sage, d'une assez jolie figure ; elle était du même âge, orpheline, petite, fort blanche, un grand nez, pas jolie. Elle obtint le 31 juillet 1749 la place de dame du palais de la reine en remplacement de sa belle-mère.

Le duc de Boufflers mourut le 13 septembre 1751, à Paris, rue Saint-Marc, de la petite vérole, et fut inhumé en l'église des Minimes. Il ne laissait qu'une fille âgée de quatre mois, dont nous parlerons plus loin, mademoiselle Amélie de Boufflers. Il en avait eu une autre qui mourut le jour même de la naissance de celle-ci.

Le duc de Boufflers n'ayant pas laissé d'enfants mâles, le titre du duché-pairie se trouva éteint.

Comme les derniers ducs de Boufflers laissaient environ trois cents créanciers, tant à Paris qu'en province, les biens meubles et immeubles dépendant de leur succession, furent abandonnés à ces créanciers et vendus en 1756 et 1757. Ces biens comprenaient notamment :

1° Le comté de Caigny et châtellenie de Milly, et toutes les autres terres composant le duché de Boufflers, proche Beauvais [1].

2° La châtellenie, terre et seigneurie de Fontaine-la Vaganne, aussi proche Beauvais.

---

[1] La terre de Caigny et autres lieux est ainsi restée 321 ans dans la possession de la famille de Boufflers.

3° Le comté et seigneurie d'Estoge, et la seigneurie du grand Boussy, situés en Champagne.

4° Le comté de Boufflers et le vicomté-pairie de Ponches, situés en Ponthieu.

5° L'hôtel de Boufflers, situé à Fontainebleau.

6° Toutes les rentes assignées sur le clergé de France ; aides et autres revenus du roi.

7° Et toutes les créances de la succession.

Les affiches annonçaient aussi la vente de la statue donnée par Louis XIV au maréchal de Boufflers, mais la ville de Beauvais y forma opposition, se fondant sur ce que, d'après l'inscription même du piédestal, elle avait été élevée pour la province et la postérité ; elle resta donc dans le parc de Boufflers, et ne fut remise à la ville de Beauvais qu'en 1783. Elle fut brisée lors de la Révolution.

Le duché de Boufflers, bien démembré, fut acquis au mois d'août 1757 par le comte de Saisseval, et érigé en marquisat de Saisseval : la paroisse reçut le nom de Saisseval à la place de celui de Boufflers.

Par contrat passé devant Me Giard, notaire à Paris, le 23 juin 1783, le comte de Crillon acquit la terre de Saisseval, située sur la rivière du Thérain en Picardie, qui ne comprenait plus que :

1° La terre de Saisseval.

2° La terre de Milly.

3° La terre de Bonnières.

4° Et la terre d'Haucourt.

Et obtint en mai 1784 des lettres-patentes qui commuèrent le nom de Saisseval en celui de Crillon.

Le 24 brumaire an II, le corps municipal de la commune de Crillon fit enlever du caveau situé dans la chapelle des seigneurs, cinq cercueils en plomb et trois cœurs aussi en plomb : les ossements furent enterrés dans une fosse creusée dans le cimetière près de l'église, et les cercueils portés à Beauvais pour y être fondus.

On rapporte que l'un des squelettes qui était de très grande taille, étant tombé à genoux, un misérable énergumène, qui assistait à l'opération, le culbuta d'un coup de pied dans la fosse, avec mille injures.

Le 2 mars 1795, la municipalité décida qu'il serait payé 50 francs au charpentier qui avait fait disparaître les signes de royauté et féodalité des vitraux et pierres de l'église, et ôté le coq du clocher pour le remplacer par un bonnet rouge. C'est à cette époque que l'on enleva les armes du duc de Boufflers, et les bandes noires qui entouraient l'église en vertu du droit de litre[1].

---

[1] Je n'ai pu trouver les documents concernant les droits seigneuriaux et féodaux qui furent exercés dans le duché de Boufflers. On peut, pour l'étude de ces droits en général, se référer au Code féodal ou recueil des décrets rendus par l'Assemblée nationale constituante en 1789, 1790 et 1791, et au cours d'Histoire générale du Droit français, par Ginoulhiac.

Il existe encore à Crillon, un lieu dit « Le Champart », vestige de l'un de ces droits.

La coutume principale était celle de Clermont en Beauvaisis.

La destinée d'AMÉLIE DE BOUFFLERS fut triste.

Elle naquit à Paris, le 4 mai 1751, et fut baptisée le lendemain. Sans fortune [1], elle se retira à Auteuil, chez Madame de Boufflers-Rouvrel [2] ; elle épousa le 4 février 1766, Armand-Louis, duc de Gontaut-Biron, DUC DE LAUZUN ; cette union ne fut pas heureuse.

Le duc de Lauzun, périt sur l'échafaud à 46 ans, le 31 Décembre 1793 ; et la duchesse de Lauzun fut aussi exécutée à 43 ans, le 27 juin 1794 [3].

---

[1] Son tuteur était M. de Forceville.

[2] Madame de Boufflers-Rouvrel, fille du comte de Camper-Saugeon, dame de compagnie de la duchesse d'Orléans, de mœurs faciles et légères tempérées par l'esprit, eut une liaison intime avec le prince de Conti. Rivale de Mademoiselle de Lespinasse et de Madame du Deffand, elle entretint des rapports avec J.-J. Rousseau, Hume et Grimm.

Elle fut incarcérée, mais recouvra sa liberté au 9 thermidor, et mourut vers 1800.

[3] Dictionnaire de la noblesse, tome II, 1771. — Didot : Biographie. — Prudhomme : Dictionnaire des individus envoyés à la mort pendant la Révolution. Paris 1796.

III. — Le marquis, CHARLES-FRANÇOIS DE BOUFFLERS-REMIENCOURT, qui avait épousé une fille du maréchal de Boufflers, ainsi que nous l'avons dit, fut lieutenant-général des armées du roi, cordon rouge, et mourut en décembre 1743, laissant plusieurs enfants.

Son fils aîné, LOUIS-FRANÇOIS, marquis de BOUFFLERS, mestre de camp, lieutenant du régiment des dragons d'Orléans, attaché au roi de Pologne, Stanislas Leczinski, dont il fut le chambellan, épousa Marie-Françoise-Catherine DE BEAUVAU-CRAON, dame du palais de la reine de Pologne, et mourut en février 1751, à la suite d'une chute de voiture, sur la route de Châlons à Paris.

La marquise de Boufflers (née de Beauvau-Craon), belle et spirituelle, faisait les honneurs de la Cour de Nancy; Voltaire lui adressa les vers suivants :

> Vos yeux sont beaux, votre âme encore plus belle,
> Et sans prétendre à rien, vous triomphez de tous ;
> Si vous eussiez vécu du temps de Gabrielle,
> Je ne sais pas ce qu'on eût dit de vous,
> Mais on n'aurait point parlé d'elle.

On l'appelait la Dame de Volupté, et elle composa ainsi sa propre épitaphe :

> CI-GIT DANS UNE PAIX PROFONDE
> CETTE DAME DE VOLUPTÉ,
> QUI, POUR PLUS GRANDE SURETÉ,
> FIT SON PARADIS DE CE MONDE.

Elle mourut à Paris, en 1787.

L'aîné de leurs enfants fut le MARQUIS DE BOUFFLERS, maréchal de camp, inspecteur général de l'artillerie.

Et le puîné, STANISLAS, CHEVALIER DE BOUFFLERS (1737-1815), qui entra d'abord au service, fut maréchal de camp et gouverneur du Sénégal, puis se distingua dans la carrière des lettres, fut reçu de l'Académie, et écrivit quelques ouvrages sérieux, mais surtout des poésies et contes trop licencieux.

Ma tâche est achevée. Je regrette de n'avoir pu découvrir la correspondance privée de cette noble famille de Boufflers, dont les membres servirent la France, sans interruption, pendant plus de huit siècles, pour entrer plus avant dans leur vie intime et combler les lacunes de ce travail.

Cependant je me féliciterais si j'avais pu faire pénétrer dans l'âme de mes lecteurs, mon profond respect pour ces bons et loyaux Français, qui portèrent le cœur si haut, et donnèrent l'exemple de l'esprit militaire, c'est-à-dire : l'enthousiasme, la bravoure, la dignité, l'abnégation et le sacrifice.

1813. — AMIENS. — IMP. T. JEUNET

www.ingramcontent.com/pod-product-compliance
Lightning Source LLC
Chambersburg PA
CBHW071823090426
42737CB00012B/2167